westermann

Heike Schnurr

Herausgeber: Wassilios E. Fthenakis

Kinderschutz und Kinderrechte

2. Auflage

Bestellnummer 12805

Die in diesem Produkt gemachten Angaben zu Unternehmen (Namen, Internet- und E-Mail-Adressen, Handelsregistereintragungen, Bankverbindungen, Steuer-, Telefon- und Faxnummern und alle weiteren Angaben) sind i. d. R. fiktiv, d. h., sie stehen in keinem Zusammenhang mit einem real existierenden Unternehmen in der dargestellten oder einer ähnlichen Form. Dies gilt auch für alle Kunden, Lieferanten und sonstigen Geschäftspartner der Unternehmen wie z. B. Kreditinstitute, Versicherungsunternehmen und andere Dienstleistungsunternehmen. Ausschließlich zum Zwecke der Authentizität werden die Namen real existierender Unternehmen und z. B. im Fall von Kreditinstituten auch deren IBANs und BICs verwendet.

Druck und Bindung: Westermann Druck GmbH, Georg-Westermann-Allee 66, 38104 Braunschweig

ISBN 978-3-427-12805-2

VORWORT

Dieses Buch soll pädagogischen Fachkräften einen Leitfaden an die Hand geben, wie sie bei konkreten Verdachtsfällen einer möglichen Kindeswohlgefährdung vorgehen sollten.

Kinder brauchen pädagogische Fachkräfte, die nicht wegschauen, wenn ihre Rechte verletzt werden. Sie brauchen Fachkräfte, die zum Schutz der Kinder tätig werden und wissen, was sie beim Verdacht einer möglichen Kindeswohlgefährdung zu veranlassen haben.

Eltern brauchen pädagogische Fachkräfte, die wahrnehmen, wenn die Eltern mit der Erziehungsverantwortung für ihre Kinder überfordert sind, die den Mut haben, sie darauf anzusprechen, und gemeinsam mit ihnen nach geeigneten Lösungen suchen.

Dieses Buch soll pädagogische Fachkräfte in der Ausbildung und im Berufsalltag unterstützen, in der konkreten Situation die notwendigen Schritte zum Schutz der Kinder zu veranlassen.

Lahnstein, im Januar 2024

Heike Schnurr

VORWORT

Die Autorin

Heike Schnurr (Jahrgang 1967) ist Volljuristin und hat nach ihrem zweiten juristischen Staatsexamen in einer Anwaltskanzlei mit dem Schwerpunkt Sozialrecht gearbeitet.
In der Zeit der Betreuung ihrer drei Kinder hat sie an der Fernuniversität Hagen ein Studium der Pädagogik mit Nebenfach Psychologie abgeschlossen. Sie unterrichtet Recht und Pädagogik an der Fachschule für Sozialpädagogik, Marienschule Limburg, und ist Fachbuchautorin und Fortbildnerin für pädagogische Fachkräfte und Kita-Leitungen.
Durch die Betreuung der Studierenden während deren Praktika und durch ihre über 25-jährige ehrenamtliche Tätigkeit in der Kinder- und Jugendarbeit der evangelischen Kirche konnte die Autorin vielfältige praktische Erfahrungen in unterschiedlichen Kitas sammeln, die in Fallbeispiele dieses Buches einfließen.

INHALT

INHALT

INHALT

EIGENE NOTIZEN

1 Kinderrechte und Elternwille

In diesem Kapitel geht es darum, wie pädagogische Fachkräfte mit den Wünschen von Eltern und Kindern bei der Gestaltung des Kita-Alltags umgehen sollten. Was können Erzieherinnen und Erzieher tun, wenn die Vorstellungen der Eltern sich nicht mit den Prinzipien und dem Leitbild der Kita vereinbaren lassen?

Des Weiteren wird auf die Rechte der Kinder eingegangen und die Frage geklärt, welche gesetzlichen Vorgaben Eltern bei der Erziehung ihrer Kinder berücksichtigen müssen.

1.1 Wer entscheidet in der Kita? Kinder, Eltern oder pädagogische Fachkräfte?

FALLBEISPIEL

Die Kita Grashüpfer legt in ihrer Konzeption einen besonderen Schwerpunkt auf gesunde Vollwert-Ernährung. Einige Kinder und Eltern sind unzufrieden mit dem Essensangebot der Kita.

Die Kinder beschweren sich, dass es viel zu oft Brokkoli zum Mittagessen gibt und dass niemand sie fragt, was sie sich zum Essen wünschen.

Die Eltern der kleinen Lili geben ihrer Tochter regelmäßig Schokoriegel als Pausenbrot mit, weil sie meinen, dass das Essen in der Kita ungenießbar sei. Den wiederholten Hinweis der pädagogischen Fachkräfte, dass Kinder in der Kita keine mitgebrachten Süßigkeiten essen dürfen, ignorieren sie.

Kann die Kita gegen den Willen der Eltern entscheiden, was die Kinder in der Kita essen?
Dürfen die Kinder in der Kita mitentscheiden, was es zu essen gibt?

Mitbestimmung der Eltern und Entscheidungsrecht der Kita

Elternwünsche sollten in der Kita berücksichtigt werden, wenn diese aus fachlicher Sicht unbedenklich sind und der organisatorische Mehraufwand für die Umsetzung der Kita zumutbar ist. Die Kita ist verpflichtet, den Wünschen der Eltern nachzukommen, soweit dies leistbar ist (vgl. §§ 9, 22a SGB VIII).[1] Denn Kindertagesstätten sind verpflichtet, mit den Erziehungsberechtigten zum Wohl der Kinder zusammenzuarbeiten und diese in wesentlichen Angelegenheiten

1 Vgl. auch Landesausschuss der Kitas in RLP 2016.

der Erziehung, Bildung und Betreuung zu beteiligen (vgl. § 22a SGB VIII). Die *Grundrichtung* der elterlichen Erziehung soll in der Kita beachtet werden (§ 9 SGB VIII). Das Beteiligungsrecht der Eltern bedeutet aber nicht, dass Eltern über Fragen der Gestaltung des Kita-Alltags, über das Essensangebot und über die pädagogische Konzeption entscheiden dürfen.

Elternwünsche sind für die Kita dann unbeachtlich, wenn sie

* der Konzeption der Kita,
* dem Profil des Trägers,
* allgemeinen fachlichen Standards,
* dem Bildungsplan des jeweiligen Bundeslands oder
* dem Kindeswohl widersprechen.

Die Kita hat dann das Recht, gegen den Willen der Eltern zu entscheiden, soweit eine vernünftige Einigung nicht möglich ist. Eltern können deshalb beispielsweise nicht verlangen, dass ihr Kind im Winter nicht auf dem Außengelände spielen darf, in der Kita keinen Sport machen muss oder ihm in der Kita der Mittagsschlaf vorenthalten wird, damit es zu Hause früher schläft. Diese Elternwünsche würden allgemeinen fachlichen Standards widersprechen (und dem gesetzlichen Auftrag der Kita, die Entwicklung der Kinder zu fördern, vgl. auch § 22 SGB VIII).
Wünschen sich Eltern zum Beispiel, dass ihr Kind an religionspädagogischen Angeboten nicht teilnehmen muss, ist dies unbeachtlich, sofern es sich um eine konfessionelle Kita handelt.
Haben die Eltern ihr Kind in einer Kita angemeldet, die in ihrer Konzeption einen besonderen Schwerpunkt auf gesunde Ernährung legt, müssen sie die Vorgaben der Kita hinnehmen.

MERKSATZ

Mit Abschluss des Betreuungsvertrags haben sich Eltern grundsätzlich mit der Konzeption der Kita und dem Trägerprofil einverstanden erklärt.

Sind die Eltern mit der pädagogischen Konzeption der Kita inhaltlich nicht einverstanden und wünschen sie sich beispielsweise wie im Fallbeispiel anderes Essen in der Kita, sollten sie einen Einrichtungswechsel in Erwägung ziehen. Pädagogische Fachkräfte sind berechtigt, den

Kindern das Essen von Süßigkeiten in der Kita zu untersagen, wenn deren Verzehr der Konzeption der Kita widerspricht[1].

Partizipation der Kinder

Kinder haben das Recht an allen Entscheidungen, die sie betreffen, ihrem Entwicklungsstand entsprechend beteiligt zu werden (vgl. § 1 Abs. 3, § 8 SGB VIII). Das tägliche Essen in der Kita ist ein Thema, das Kinder wesentlich betrifft. Die Kinder im Fallbeispiel haben deshalb das Recht, mitzuentscheiden, was es zu essen gibt.

Die Kita ist verpflichtet, geeignete Verfahren zu entwickeln und diese in die pädagogische Konzeption der Einrichtung aufzunehmen, die die Beteiligung der Kinder sichern und den Kindern eine Möglichkeit der Beschwerde einräumen (vgl. § 45 Abs. 2, Nr. 4 SGB VIII). Die Beschwerden der Kinder sollen nicht nur zur Kenntnis genommen werden, sondern müssen auch angemessen behandelt werden.

Im Fallbeispiel ist die Kita verpflichtet, die Beschwerden der Kinder über das Essen ernst zu nehmen und geeignete Verfahren zu entwickeln, sodass die Wünsche und Beschwerden der Kinder berücksichtigt werden. Es wäre beispielsweise möglich, von einer Auswahl gesunder Gerichte Fotos anzufertigen und die Kinder das Essen mit Smileys bzw. Frowneys bewerten zu lassen. Denkbar wäre auch, dass die Kinder bei einer regelmäßig stattfindenden Kinderkonferenz aus einer Auswahl von Speisen die Gerichte für die nächste Woche wählen dürfen. Es könnte auch ein Lob- und Beschwerdebriefkasten für die Küche oder das Cateringunternehmen eingerichtet werden. Die Erzieherinnen und Erzieher müssten dann die Briefe für die Kinder schreiben und darauf achten, dass die Anregungen der Kinder vom Cateringunternehmen auch ernst genommen werden.

---

1 Vgl. auch VG Mainz, AZ.: 1L919/01.MZ.

§ 45 SGB VIII Erlaubnis für den Betrieb einer Einrichtung

(2) Die Erlaubnis ist zu erteilen, wenn das Wohl der Kinder und Jugendlichen in der Einrichtung gewährleistet ist. Dies ist in der Regel anzunehmen, wenn
[...]
4. zur Sicherung der Rechte und des Wohls von Kindern [...] Verfahren der Selbstvertretung und Beteiligung sowie der Beschwerde in persönlichen Angelegenheiten innerhalb und außerhalb der Einrichtung gewährleistet werden.
(3) Zur Prüfung der Voraussetzungen hat der Träger der Einrichtung mit dem Antrag
1. die Konzeption der Einrichtung vorzulegen [...]

Partizipation bedeutet jedoch nicht ein Alleinentscheidungsrecht der Kinder, sondern dass Kinder altersangemessen entsprechend ihrem Entwicklungsstand mitbestimmen können. Im Fallbeispiel haben die Erwachsenen die Verantwortung für ein reichhaltiges und gesundes Speiseangebot. Sie sollten auch versuchen, ohne Druck und Zwang die Neugierde der Kinder zu wecken, neue Speisen zu probieren.

Kinder dürfen aber, unabhängig vom jeweiligen Alter, selbst entscheiden, was und wie viel sie von den angebotenen Speisen zu sich nehmen[1]. Kinder haben auch ein Recht, eine Mahlzeit ausfallen zu lassen und das Gefühl von Hunger kennenzulernen. Wenn ein Kind dann zwischen den Mahlzeiten Hunger bekommt, kann ihm beispielsweise ein Apfel angeboten werden.

Erwachsene sind gesetzlich verpflichtet, das Kinderrecht auf Partizipation in der Kita umzusetzen, Kinder bei der Wahrnehmung ihres Mitspracherechts zu unterstützen und für eine Pädagogik auf Augenhöhe in der Kita zu sorgen.

---

1 *Vgl. Maywald 2016, S. 84.*

FAZIT

Die Kita kann auch gegen den Willen der Eltern weiterhin Vollwerternährung anbieten und das Mitbringen von Süßigkeiten untersagen. Halten sich Eltern nicht an diese Vorgaben, sollte mit ihnen im Elterngespräch nochmals die Konzeption der Kita besprochen werden, die die Eltern meist im Rahmen des Betreuungsvertrags unterschrieben haben. Sind die Vorstellungen der Eltern nicht mit der Konzeption der Kita vereinbar, bleibt es ihnen unbenommen, die Kita zu wechseln.

Die Kinder haben ein Recht, mitzuentscheiden, was es in der Kita zu essen gibt. Die Kita muss die Beschwerden der Kinder ernst nehmen und ein Verfahren entwickeln, das den Kindern ein Mitspracherecht und eine Beschwerdemöglichkeit einräumt (§ 45 Abs. 2, Nr. 4 SGB VIII).

1.2 Dürfen Eltern frei entscheiden, wie sie ihre Kinder erziehen?

FALLBEISPIEL

Die Mutter des fünfjährigen Marius schimpft mit ihrem Sohn, weil er sich beim Spielen in der Kita schmutzig gemacht hat. Als Marius sich verteidigt und erklären möchte, warum seine Hose schmutzig geworden ist, packt die Mutter Marius grob am Arm und gibt ihm einen Klaps mit der Bemerkung, dass es gleich noch mehr gibt, wenn er jetzt nicht still ist und gehorcht. Der Erzieherin gegenüber erklärt sie nur kurz, dass ein kleiner Klaps noch nie jemandem geschadet hätte und dass es ihre Sache sei, wie sie ihr Kind erziehe.

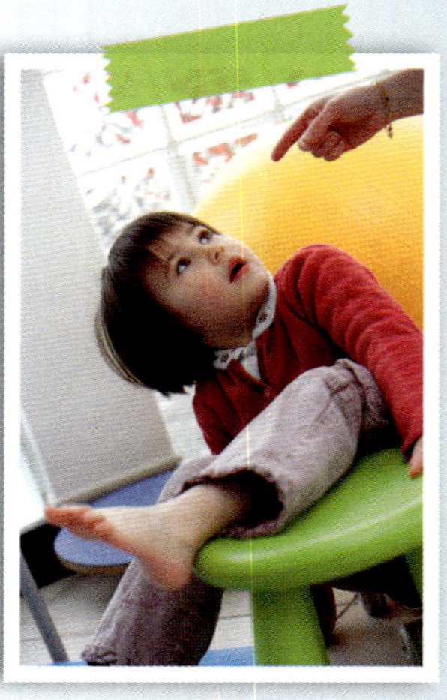

Das Grundgesetz garantiert den Eltern grundsätzlich das Recht, ihre Kinder nach ihren eigenen Vorstellungen zu erziehen (Art. 6 Abs. 2, Nr. 1 GG). Dieses Erziehungsrecht der Eltern wird jedoch durch die Rechte der Kinder, insbesondere das Kindeswohl begrenzt. Das in Art. 6 GG garantierte Erziehungsrecht der Eltern ist verbunden mit der Verpflichtung, das Wohl des Kindes zur obersten Richtschnur der Erziehung zu machen[1].

Art. 6 Abs. 2 Grundgesetz (GG):

Pflege und Erziehung der Kinder sind das natürliche Recht der Eltern und die zuvörderst ihnen obliegende Pflicht. Über ihre Betätigung wacht die staatliche Gemeinschaft.

Der Staat hat die Pflicht, darüber zu wachen, dass die Eltern ihr Erziehungsrecht am Kindeswohl ausrichten, und muss ggf. das Elternrecht zum Schutz der Kinder einschränken. Diese Aufgabe des Staates wird von den Jugendämtern, Familiengerichten und von pädagogischen Fachkräften ausgeübt, die häufig durch ihren unmittelbaren Kontakt zu den Familien die Problemlage zuerst erkennen (im Einzelnen vgl. Kapitel 2).

Eltern sind also grundsätzlich frei, zu entscheiden, wie sie ihr Kind erziehen. Diese Erziehungsfreiheit der Eltern wird jedoch eingeschränkt durch das Kindeswohl, das sie berücksichtigen müssen, und durch verschiedene Gesetze, die das Kindeswohl konkretisieren.

Im Folgenden sollen einige zentrale Gesetze, deren Vorgaben Eltern bei der Erziehung berücksichtigen müssen, vorgestellt werden

Berücksichtigung des Kindeswohls (§ 1627 BGB)

Eltern müssen sich bei der Erziehung ihrer Kinder immer am Kindeswohl orientieren.

§ 1627 BGB Ausübung der elterlichen Sorge

Die Eltern haben die elterliche Sorge in eigener Verantwortung und in gegenseitigem Einvernehmen zum Wohl des Kindes auszuüben. Bei Meinungsverschiedenheiten müssen sie versuchen, sich zu einigen.

---

1 *Vgl. BVerfG zum Urteil des Zweiten Senats v. 16.01.2003, www.bverfg.de/entscheidungen/rs20030116_2bvr071601 R. 61, BVerfGE 56, 363 <381 f.>; vgl. auch BVerfGE 59, 360 <376>.*

Gewaltverbot (§ 1631 Abs. 2 BGB)

Nicht nur körperliche Bestrafungen des Kindes, sondern auch seelische Verletzungen und andere entwürdigende Maßnahmen sind unzulässig. Mit körperlicher Bestrafung sind Schläge, Ohrfeigen und auch sogenannte Klapse gemeint[1]. Aber auch Einsperren, längeres behinderndes Zupacken oder angstauslösendes Bedrängen des Kindes fallen darunter. Unter entwürdigenden Erziehungsmaßregeln versteht man beispielsweise das Lächerlichmachen des Kindes oder Maßnahmen, die die Selbstachtung oder das Ehrgefühl des Kindes verletzen.

§ 1631 BGB Inhalt und Grenzen der Personensorge

(2) Das Kind hat ein Recht auf Pflege und Erziehung unter Ausschluss von Gewalt, körperlichen Bestrafungen, seelischen Verletzungen und anderen entwürdigenden Maßnahmen.

Achtung der Eigenständigkeit (§ 1626 Abs. 2 BGB)

Eltern sind verpflichtet, ihre Kinder nach einem partnerschaftlichen Erziehungsstil zu erziehen und sich mit dem Kind, dem jeweiligen Entwicklungsstand entsprechend, auseinanderzusetzen. Ein rein auf Gehorsam ausgerichteter autoritärer Erziehungsstil ist nicht erlaubt[2].

§ 1626 BGB Elterliche Sorge, Grundsätze

(2) Bei der Pflege und Erziehung berücksichtigen die Eltern die wachsende Fähigkeit und das wachsende Bedürfnis des Kindes zu selbständigem verantwortungsbewusstem Handeln. Sie besprechen mit dem Kind, soweit es nach dessen Entwicklungsstand angezeigt ist, Fragen der elterlichen Sorge und streben Einvernehmen an.

Loyalitätsverpflichtung (§ 1684 Abs. 2 BGB)

Es ist unzulässig, wenn Eltern das andere Elternteil vor dem Kind schlecht reden und ihr Kind dahingehend beeinflussen, dass es das andere Elternteil ablehnt. Eltern sind verpflichtet, alles zu unterlassen, was das Verhältnis des Kindes zum jeweils anderen Elternteil beeinträchtigt.

---

1 Vgl. OLG Jena, FamRZ 2008, 806; Grüneberg 2022, § 1631 Rdnr. 7.

2 Vgl. Grüneberg 2022, § 1626 Rdnr. 22.

Diese Vorschrift beruht auf der Erkenntnis, dass das Kindeswohl nachhaltig gefährdet werden kann, wenn Kinder in Loyalitätskonflikte geraten, weil ein Elternteil sie in Partnerschaftskonflikte mit hineinzieht und die Ablehnung des anderen Elternteils anstrebt.

§ 1684 BGB Umgang des Kindes mit den Eltern

(2) Die Eltern haben alles zu unterlassen, was das Verhältnis des Kindes zum jeweils anderen Elternteil beeinträchtigt oder die Erziehung erschwert. [...]

FAZIT

Im Fallbeispiel hat die Mutter zwar recht, dass es grundsätzlich ihre Sache ist, wie sie ihr Kind erzieht. Sie ist allerdings verpflichtet, ihre Erziehung am Kindeswohl auszurichten und die gesetzlichen Bestimmungen einzuhalten. Das grobe Packen am Arm, die Bestrafung des Kindes mit einem Klaps und das Drohen mit weiteren Schlägen, wenn das Kind nicht still ist, sind unzulässige Erziehungsmethoden (vgl. § 1631 Abs. 2 BGB).

Der Umgang der Mutter mit ihrem Sohn, die fehlende Gesprächsbereitschaft und der durch Machtausübung erzwungene Gehorsam verstoßen des Weiteren gegen das Gebot des partnerschaftlichen Erziehungsstils (§ 1626 Abs. 2 BGB).

Die Erzieherin ist verpflichtet, tätig zu werden und das Verhalten der Mutter nicht zu dulden, denn sie hat einen sogenannten Schutzauftrag für die ihr anvertrauten Kinder der Kita (vgl. Art. 6 Abs. 2, S. 2 GG i.V.m. Bundeskinderschutzgesetz). Zunächst sollte sie in einem geschützten Rahmen das Gespräch mit der Mutter suchen. Häufen sich solche oder ähnliche Vorfälle, sollte sie ihre Beobachtungen dokumentieren und das Gespräch mit der Leitung und den Kolleginnen und Kollegen suchen. (Zum weiteren Vorgehen vgl. Kapitel 2.)

1

1.3 Welche Rechte haben Kinder?

FALLBEISPIEL

Erzieher Tim hört mit, wie sich zwei Kinder seiner Gruppe unterhalten:

„Du darfst nicht mitspielen, weil du fett bist und weil du ein Mädchen bist. Meine Mama sagt, Mädchen sollen kein Fußball spielen."

„Wenn deine Mama kommt, werde ich ihr sagen, dass das Quatsch ist, was sie erzählt!"

„Das darfst du meiner Mama gar nicht sagen, weil du nur ein Kind bist. Meine Mama wird dir dann sagen, dass du deine Klappe halten sollst. Vielleicht haut sie dich dann auch. Kinder müssen nämlich tun, was Erwachsene sagen."

Tim möchte diesen Anlass nutzen, um mit den Kindern in der Kita über Kinderrechte zu sprechen.

Welche Rechte haben Kinder? Und wie kann Kindern in der Kita altersgerecht vermittelt werden, welche Rechte sie haben?

Kinderrechte

Die UN-Kinderrechtskonvention bestimmt ausdrücklich, dass Kinder Träger eigener Rechte sind. In 54 Artikeln werden wesentliche Kinderrechte in der UN-Kinderrechtskonvention festgeschrieben. Die UN-Kinderrechtskonvention wurde von Deutschland und 194 weiteren Staaten unterzeichnet. In Deutschland ist sie seit 1992 in Kraft getreten.

Weil die UN-Kinderrechtskonvention sehr umfangreich und nicht ganz einfach zu lesen ist, werden die wichtigsten Artikel der UN-Kinderrechtskonvention nachfolgend zu 10 Kinderrechten zusammengefasst.[1]

➡ **Vertiefungshinweis**
Die gesamte UN-Kinderrechtskonvention steht im Onlineangebot der Unicef zum Download zur Verfügung: www.unicef.de/informieren/ueber-uns/fuer-kinderrechte/un-kinderrechtskonvention [09.08.2023].

1 *Vgl. Bundeszentrale für politische Bildung 2015; Maywald 2016, S. 17 ff.; Unicef: Kinder haben Rechte, Plakat, Köln, Unicef o.J.*

Kinder haben Rechte!

* Gleichheit: Alle Kinder haben die gleichen Rechte. Kein Kind darf aufgrund irgendeines Merkmals, wie beispielsweise Herkunft, Geschlecht oder Religion, benachteiligt werden (vgl. Art. 1, Art. 2 UN-Kinderrechtskonvention).
* Gesundheit: Kinder haben das Recht, gesund zu leben, Geborgenheit zu finden und keine Not zu leiden (vgl. Art. 6, 24, 27, 32, 33 UN-Kinderrechtskonvention).
* Schutz vor Gewalt und Vernachlässigung: Kinder haben das Recht auf eine gewaltfreie Erziehung und auf Schutz vor sonstiger Gewalt, Missbrauch, Vernachlässigung und Ausbeutung (Art. 19, 34, 35, 36, 39 UN-Kinderrechtskonvention).
* Achtung der Würde und Schutz der Privatsphäre: Kinder haben das Recht, dass ihr Privatleben und ihre Würde geachtet werden (vgl. Art. 7, 8, 16, 21, 37, 40 UN-Kinderrechtskonvention).
* Freie Meinungsäußerung und Beteiligung: Kinder haben das Recht, bei allen Fragen, die sie betreffen, sich zu informieren, mitzubestimmen und zu sagen, was sie denken (vgl. Art. 12, 13, 14, 17 UN-Kinderrechtskonvention).

* Bildung: Kinder haben das Recht, zu lernen und eine Ausbildung zu machen, die ihren Bedürfnissen und Fähigkeiten entspricht (vgl. Art 28, 29, 30 UN-Kinderrechtskonvention).
* Spiel und Freizeit: Kinder haben das Recht, zu spielen, sich zu erholen und künstlerisch tätig zu sein (vgl. Art. 31 UN-Kinderrechtskonvention).
* Elterliche Fürsorge: Kinder haben das Recht, bei ihren Eltern zu leben. Leben die Eltern nicht zusammen, haben Kinder das Recht, beide Eltern regelmäßig zu treffen (vgl. Art. 3, 5, 9, 10, 11, 18 UN-Kinderrechtskonvention).
* Schutz im Krieg und auf der Flucht: Kinder haben das Recht, im Krieg und auf der Flucht besonders geschützt zu werden (vgl. Art. 22, 38 UN-Kinderrechtskonvention).
* Besondere Fürsorge und Förderung bei Behinderung: Behinderte Kinder haben das Recht auf besondere Fürsorge und Förderung, damit sie aktiv am Leben teilnehmen können (vgl. Art. 23, 25, 26 UN-Kinderrechtskonvention).

Kindern in der Kita ihre Rechte altersgerecht vermitteln

Pädagogische Fachkräfte werden in der Kita immer wieder mit Kindern arbeiten, deren Rechte verletzt werden oder die ihrerseits die Rechte anderer verletzen.

Gerade jüngere Kinder, deren Rechte verletzt werden, sind sich manchmal nicht bewusst, dass das Verhalten Erwachsener oder anderer Kinder falsch ist, und geben sich vielleicht sogar selbst die Schuld für das, was ihnen angetan wurde. Und selbst wenn Kinder wissen, dass es nicht richtig ist, was ihnen widerfahren ist, fehlen ihnen oft die Worte, sich mitzuteilen.

Deshalb ist es wichtig, bereits mit jüngeren Kindern über Kinderrechte zu reden, Kinder zu unterstützen, ihre Rechte einzufordern, und sie darin zu stärken, dass sie sich nicht schuldig fühlen, wenn ihre Rechte verletzt werden. Schon in der Kita sollten Kinder lernen, welche Rechte sie haben.

Es gibt unterschiedlichste Materialien und Projektideen, um Kindern in der Kita ihre Rechte altersgerecht zu vermitteln:

* **Onlinematerialien**
  - Deutsches Kinderhilfswerk: Vielfalt in der Kita - Methoden für die Kita-Praxis 1, Download unter: shop.dkhw.de/de/kinderrechte-artikel/72-vielfalt-in-der-kita-methoden-fur-die-kita-praxis-1.html [09.08.2023].
  - Fuchs, Corinna: Die Rallye der Kinderrechte, hrsg. vom Hessischen Ministerium für Soziales und Integration, 2. Auflage, Kohlhammer GmbH + Co. KG, Stuttgart 2020.
  - Materialien von UNICEF: www.unicef.de/informieren/materialien [09.08.2023].
  - Bundeszentrale für politische Bildung: Falter Kinderrechte. www.bpb.de/shop/lernen/falter/194570/kinderrechte [09.08.2023].
* **Bücher**
  - Erhardt, Markus; Schmidt, Jordana; Horn, Reinhard: Echte KinderRechte. Das Lieder- und Projektbuch zu Kinderrechten, 1. Auflage, Kontakte-Musikverlag, Lippstadt 2008.
  - Ferres, Veronika: Fass mich nicht an!, cbj, München 2009.

- Pro Familia: Mein Körper gehört mir!, 3. Auflage, Loewe Verlag, Bindlach 2014.
- Szillat, Antje: Justine und die Kinderrechte, hrsg. v. Diözesan-Caritasverband f. d. Erzbistum Köln e. V., edition zweihorn, Neureichenau 2011.

FAZIT

Der Dialog der Kinder im Fallbeispiel bietet sich als Anlass an, den Kindern einzelne Kinderrechte der UN-Kinderrechtskonvention zu vermitteln. Den Kindern sollte erklärt werden, dass sie das Recht haben, ihre Meinung frei zu äußern, auch Erwachsenen gegenüber (Art. 13 UN-Kinderrechtskonvention), dass sie nicht geschlagen werden dürfen, weder von Kindern noch von Erwachsenen (Art. 19 UN-Kinderrechtskonvention, § 1631 Abs. 2 BGB), und dass alle Kinder die gleichen Rechte haben und mitspielen dürfen, unabhängig davon, welches Geschlecht sie haben, ob sie dick oder dünn sind oder sich sonst wie von den anderen Kindern unterscheiden (Art. 2 UN-Kinderrechtskonvention).

Pädagogische Fachkräfte sollten mit Kindern über ihre Rechte reden. Noch wichtiger ist es aber, dass Kinderrechte im Alltag der Kita ernst genommen und bewusst gelebt werden. Dabei sollten pädagogische Fachkräfte sich ihrer Vorbildfunktion bewusst sein. Zur Sicherung der Kinderrechte in der Kita sollten Kinderrechte, Verfahren der Beteiligung und Beschwerdemöglichkeiten der Kinder in die Konzeption aufgenommen werden (vgl. auch §§ 45, 9 SGB VIII).

EIGENE NOTIZEN

2 Verdacht einer Kindeswohlgefährdung – was tun?

In diesem Kapitel erfahren Sie, wie Sie vorgehen sollten, wenn Sie den Eindruck haben, dass es einem Kind zu Hause nicht gut geht. Wie sollten sich pädagogische Fachkräfte verhalten, wenn sie befürchten, dass ein Kind vielleicht vernachlässigt wird, die Eltern psychisch krank sind, das Kind Gewalt erfährt oder wenn es möglicherweise andere Auffälligkeiten gibt, die ihnen Sorgen machen?

Weiteres Thema dieses Kapitels ist das Elterngespräch. Was ist zu beachten, wenn Sie mit Eltern über den Verdacht einer möglichen Kindeswohlgefährdung sprechen?

2

2.1 Vernachlässigung, Misshandlung oder Missbrauch – wie sollten sich pädagogische Fachkräfte verhalten?

FALLBEISPIEL

Erzieherin Marie macht sich um den sechsjährigen Luca in ihrer Gruppe Sorgen. In letzter Zeit wirkt er still und in sich zurückgezogen. Die Fingernägel sind abgekaut. Er kommt morgens unregelmäßig, oft übermüdet und meist etwas schmuddelig in die Kita. Ein Frühstück hat er selten dabei. Luca erzählt Marie, dass es seiner Mama gar nicht gut gehe und sie morgens oft nicht aus dem Bett komme. Deshalb bringe ihn der Freund seiner Mutter in die Kita, den er gar nicht mag.
Als die Erzieherin das Gespräch mit der Mutter sucht, meint diese nur kurz, zu Hause sei eigentlich alles in Ordnung. Das Leben als alleinerziehende Mutter sei natürlich kein Zuckerschlecken, aber sie komme schon zurecht. Luca sei einfach ein schwieriges Kind. In letzter Zeit mache er sich sogar wieder wie ein Baby in die Hose, und das, obwohl er doch schon sechs Jahre alt ist. Aber das werde sie schon wieder in den Griff bekommen.
Marie fragt sich, wie sie sich verhalten soll. Von einem Elterngespräch verspricht sie sich nicht viel. Sie weiß ja nichts Genaues und fühlt sich auch nicht zuständig.

Was würden Sie Erzieherin Marie empfehlen?

Schutzauftrag

Pädagogische Fachkräfte haben einen Schutzauftrag für die ihnen anvertrauten Kinder (vgl. § 8a Abs. 4 SGB VIII). Das bedeutet, dass sie verpflichtet sind, zu handeln, sobald ihnen gewichtige Anhaltspunkte bekannt werden, die auf eine Gefährdung des Kindeswohls hindeuten (vgl. § 8a Abs. 4, Nr. 1 SGB VIII). Sie müssen also nicht erst dann tätig werden, wenn das Kindeswohl verletzt ist, sondern bereits präventiv, wenn sie den Verdacht einer möglichen Kindeswohlgefährdung haben.

Was sind Anhaltspunkte einer Kindeswohlgefährdung?

Ob gewichtige Anhaltspunkte einer Kindeswohlgefährdung vorliegen, die zum Einschreiten verpflichten, ist nicht immer einfach zu beurteilen. Eine genaue und abschließende Aufzählung dieser Anzeichen findet sich in keinem Gesetz. Das wäre auch nicht möglich, denn Hinweise auf eine Kindeswohlgefährdung können je nach Lebenssituation sehr unterschiedlich sein. Jeder Einzelfall ist ein wenig anders. Es gibt jedoch verschiedene Auflistungen möglicher Anhaltspunkte, die im konkreten Einzelfall helfen können, die eigenen Beobachtungen zu strukturieren und zu entscheiden, ob ein Eingreifen zum Schutz des Kindes sinnvoll ist. Empfehlenswert für eine erste Einschätzung sind beispielsweise:

- Kommunalverband für Jugend und Soziales Baden-Württemberg (Hrsg.): Einschätzskala Kindeswohlgefährdung in Kindertageseinrichtungen (vgl. Anhang A), in: www.kvjs.de/fileadmin/publikationen/jugend/Bericht_KiWo_Skala-Kita.pdf [09.08.2023].
- Universitätsklinikum Ulm: Wahrnehmungsbogen für den Kinderschutz. Version für Klein- und Vorschulkinder 2011, in: www.lra-ffb.de/pdf/32/Wahrnehmungsbogen_KleinundVorschulkinder_2011.pdf [09.08.2023].

➡ **Vertiefungshinweis:**
Sie finden eine Auflistung verschiedener Anhaltspunkte einer Kindeswohlgefährdung im Anhang, Seite 103–106.

Im Fallbeispiel wären beispielsweise das Kauen der Fingernägel, Lucas Übermüdung, das fehlende Frühstück, der unregelmäßige Kita-Besuch und das Einnässen Anhaltspunkte einer möglichen Kindeswohlgefährdung. Erzieherin Marie ist deshalb verpflichtet, tätig zu werden und ihren Schutzauftrag wahrzunehmen (vgl. § 8a Abs. 4 SGB VIII). Jede Kita sollte ein Schutzkonzept haben, in dem das Vorgehen bei einer möglichen Kindeswohlgefährdung festgelegt ist. Im Folgenden finden Sie einen Handlungsleitfaden, in dem beschrieben wird, wie pädagogische Fachkräfte beim Vorliegen gewichtiger Anhaltspunkte vorgehen sollten, um den Anforderungen des Gesetzes zu genügen.

Handlungsleitfaden bei Verdacht auf Kindeswohlgefährdung

Beratung mit der Kita-Leitung und dem Team

Liegen wie im Fallbeispiel Anhaltspunkte einer Kindeswohlgefährdung vor, sind Fachkräfte gesetzlich verpflichtet, zunächst eine sogenannte Gefährdungseinschätzung vorzunehmen (vgl. § 8a Abs. 4, Nr. 1 SGB VIII). Die Fachkraft, die zuerst entsprechende Anhaltspunkte wahrgenommen hat, sollte sich deshalb zunächst an die Leitung der Kita wenden. Die Beobachtungen aller Kolleginnen und Kollegen sollten dann zeitnah in einer Teamsitzung zusammengetragen und gemeinsam besprochen werden. Kann durch den kollegialen Austausch der Verdacht einer möglichen Kindeswohlgefährdung nicht ausgeräumt werden, ist es spätestens ab diesem Zeitpunkt empfehlenswert, das weitere Vorgehen zu dokumentieren.

Dokumentation

Die Fachkräfte, die für das Kind zuständig sind, sollten in Absprache mit der Leitung die bisherigen und alle künftigen Beobachtungen sowie das weitere Vorgehen dokumentieren: Sie sollten kurz aufschreiben, wer was wann beobachtet hat. Im Fallbeispiel sollte Erzieherin Marie beispielsweise notieren, wann Luca kein Frühstück dabei hat, zu spät oder gar nicht in die Kita gebracht wird, wann er einnässt und welches Verhalten sie vermuten lässt, dass Luca müde ist. Die Beobachtungen sollten möglichst sachlich und getrennt von Vermutungen und Schlussfolgerungen notiert werden. Im Anhang C ist ein Vordruck für eine Dokumentation dargestellt. Es ist aber auch möglich, die täglichen Beobachtungen formlos mit Datum und Unterschrift versehen aufzuschreiben.

In die Dokumentation sollte neben den Beobachtungen auch das Protokoll der Teambesprechung, das Protokoll der Beratung mit einer oder einem Kinderschutzbeauftragten und das Protokoll des Elterngesprächs aufgenommen werden.

Eine umfassende Dokumentation hilft, persönliche Eindrücke der jeweiligen Fachkraft zu objektivieren. Sie kann auch beim Elterngespräch oder einer späteren Meldung beim Jugendamt, falls dies erforderlich werden sollte, sehr nützlich sein, und sie dient einer späteren Beweisführung: Anhand einer sorgfältig geführten Dokumentation kann die Fachkraft nachweisen, dass sie ihrem Schutzauftrag nach § 8a SGB VIII nachgekommen ist und fachlich korrekt gehandelt hat. Dies kann wichtig sein, um mögliche rechtliche Konsequenzen abzuwehren.

Dokumentation:
- Anhaltspunkte einer Kindeswohlgefährdung
- Protokoll der Teamsitzung
- Protokoll der Beratung mit der „insoweit erfahrenen Fachkraft“
- Protokoll des Elterngesprächs

Die Dokumentation muss immer unzugänglich für unbefugte Dritte aufbewahrt werden (Datenschutz). Sie sollte nie offen im Gruppenraum liegen.

Beratung mit einer „insoweit erfahrenen Fachkraft“

Liegen gewichtige Anhaltspunkte einer Kindeswohlgefährdung vor, ist die Leitung der Kita verpflichtet, den Träger zu informieren und eine „insoweit erfahrene Fachkraft“, auch Kinderschutzfachkraft genannt, zur Beratung hinzuzuziehen (vgl. § 8a Abs. 4 SGB VIII). Der etwas seltsame Name „insoweit erfahrene Fachkraft“ ist dem Gesetzeswortlaut des § 8a Abs. 4 SGB VIII entnommen. Gemeint sind Fachkräfte, die für den Bereich

Kinderschutz besonders qualifiziert sind. Diese können vom Träger der Einrichtung gestellt werden oder auch von außerhalb kommen.

Die „insoweit erfahrene Fachkraft“ hat die Aufgabe, das Team zunächst bei der Gefährdungseinschätzung zu unterstützen. Sie soll gemeinsam mit dem Team anhand der bisherigen Dokumentation einschätzen, ob ein begründeter Verdacht einer Kindeswohlgefährdung besteht, und mit den Beteiligten das weitere Vorgehen planen.

Auch bei der Vorbereitung des Elterngesprächs, bei der Erwägung geeigneter Hilfs- und Unterstützungsmöglichkeiten für die Eltern und einer möglichen Kooperation mit den Institutionen des Hilfesystems sollte die „insoweit erfahrene Fachkraft“ das Team beraten. Hierbei hat sie jedoch nur eine rein beratende Funktion. Am Elterngespräch nimmt sie nicht teil.

§ 8a Abs. 4 SGB VIII

In Vereinbarungen mit den Träge[rn] von Einrichtungen und Diensten, Leistungen nach diesem Buch erbringen, ist sicherzustellen, d[ass]

1. deren Fachkräfte bei Bekann[t]werden gewichtiger Anhaltsp[unkte] für die Gefährdung eines von ihnen betreuten Kindes oder Jugendlichen eine Gefährdung[s]einschätzung vornehmen,
2. bei der Gefährdungseinschätz[ung] eine insoweit erfahrene Fachk[raft] beratend hinzugezogen wird [

§ 8b SGB VIII

(1) Personen, die beruflich in Kontakt mit Kindern oder Jugen[d]lichen stehen, haben bei der Einschätzung einer Kindeswohlge[]fährdung im Einzelfall gegenübe[r] dem örtlichen Träger der Jugen[d]hilfe Anspruch auf Beratung du[rch] eine insoweit erfahrene Fachkraf[t]

Aus datenschutzrechtlichen Gründen muss die Beratung mit der „insoweit erfahrenen Fachkraft“ anonymisiert erfolgen. Es ist nicht zulässig, ihr das betroffene Kind zu zeigen oder ihr den Namen des Kindes zu nennen (§ 64 Abs. 2a SGB VIII), es sei denn, die Personensorgeberechtigten haben sich damit einverstanden erklärt.

Diese Möglichkeit, sich von einer „insoweit erfahrenen Fachkraft“ kostenlos beraten zu lassen, steht allen Personen offen, die beruflich Kontakt mit Kindern oder Jugendlichen haben (vgl. § 8b SGB VIII).

Elterngespräch

Das Elterngespräch erfordert viel Fingerspitzengefühl und sollte gut vorbereitet werden. Denn wenn es misslingt, ist es meist nicht möglich, die Eltern nochmals einzuladen, um mit ihnen in einem zweiten Anlauf zu versuchen, ein konstruktives Gespräch zu führen.
Was man im Einzelnen beim Elterngespräch berücksichtigen sollte und welche gesetzlichen Anforderungen beim Elterngespräch zu beachten sind, soll im Abschnitt 2.2 besprochen werden.

Besonderheiten bei Verdacht sexualisierter Gewalt

Bei einem Verdacht eines innerfamiliären sexuellen Missbrauchs ist von einem Elterngespräch zunächst abzusehen. Ein verfrühtes Ansprechen des Verdachts bei den Eltern kann dazu führen, dass der Täter oder die Täterin gewarnt wird und den Geheimhaltungsdruck auf das Kind erhöht, sodass dieses seine Äußerungen zurücknimmt. Dadurch kann die weitere Aufklärung gefährdet werden.
Das weitere Vorgehen und die Weitergabe von Informationen an das Jugendamt sollten bei einem Verdacht auf innerfamiliären Missbrauchs mit der „insoweit erfahrenen Fachkraft“ oder gegebenenfalls einer für diesen Bereich eigens qualifizierten Fachkraft besprochen werden.

FAZIT

Erzieherin Marie sollte sich zunächst an die Kita-Leitung wenden und ihr darlegen, warum sie sich um Luca Sorgen macht. In einer Teamsitzung sollten die Beobachtungen aller Fachkräfte der Kita zusammengetragen werden und eine erste Einschätzung erfolgen. Die Teamsitzung sollte protokolliert werden. Marie und die Fachkräfte, die für Luca zuständig sind, sollten ihre Beobachtungen dokumentieren. Mit einer „insoweit erfahrenen Fachkraft" können dann anhand der dokumentierten Auffälligkeiten eine Gefährdungseinschätzung vorgenommen, das weitere Vorgehen besprochen und gegebenenfalls das Elterngespräch vorbereitet werden.

HANDLUNGSLEITFADEN BEI VERDACHT AUF KINDESWOHLGEFÄHRDUNG

ERSTER VERDACHT EINER MÖGLICHEN KINDESWOHLGEFÄHRDUNG

↓

BERATUNG MIT KITA-LEITUNG UND TEAM

↓

DOKUMENTATION GEWICHTIGER ANHALTSPUNKTE EINER MÖGLICHEN KINDESWOHLGEFÄHRDUNG

↓

TRÄGER INFORMIEREN

↓

BERATUNG MIT EINER „INSOWEIT ERFAHRENEN FACHKRAFT“

↓

ELTERNGESPRÄCH

2

2.2 Was muss beim Elterngespräch beachtet werden?

FALLBEISPIEL

Erzieherin Marie lädt Lucas Mutter und deren Lebensgefährten zu einem Elterngespräch ein. Sie möchte mit beiden über Lucas Verhalten reden. Außerdem möchte sie die Mutter nochmals daran erinnern, dass Luca dringend neue Schuhe braucht, weil die alten zu klein sind, und dass ihr braune Flecken an Lucas Zähnen aufgefallen sind.
Die Mutter erklärt Marie, dass sie sich keine Sorgen machen müsse. Luca habe eine schwierige Phase, das gebe sich schon wieder. Dass Luca schlechte Zähne habe, sei ihr auch schon aufgefallen. Und um neue Schuhe werde sie sich baldmöglichst kümmern.
Man geht freundlich, aber unverbindlich auseinander.
Die Erzieherin ist unzufrieden mit dem Gespräch, weil sie nicht weiß, ob sich etwas ändern wird. Auf Lucas Zähne und die Schuhe hatte sie die Mutter in der Vergangenheit schon öfter hingewiesen.

Was ist beim Elterngespräch schiefgelaufen? Wie sollte sich Erzieherin Marie nun weiter verhalten?

Ein Elterngespräch beim Verdacht einer möglichen Kindeswohlgefährdung zu führen, gehört sicher zu einer der anspruchsvollsten Aufgaben, die pädagogische Fachkräfte zu bewältigen haben. Das Elterngespräch sollte daher gut vorbereitet sein. Ein Elterngespräch über ein solch sensibles Thema kann viel bewirken, wenn es gelingt, eine positive Gesprächsatmosphäre aufzubauen. Es kann aber auch ebenso entgleiten, die Beziehung und das Vertrauensverhältnis zwischen Kita und Eltern nachhaltig belasten oder eben auch wie im Fallbeispiel freundlich, aber erfolglos bleiben.

Ob es gelingt, dass die Eltern den Mut finden, sich im Elterngespräch zu öffnen und Hilfen in Anspruch zu nehmen, hängt wesentlich von der Haltung und Gesprächsführung der pädagogischen Fachkraft ab. Entscheidend wird sein, ob sich die Eltern trotz aller Schwierigkeiten und Probleme von den pädagogischen Fachkräften angenommen und wertgeschätzt fühlen und ob sie das Vertrauen haben, dass sie und ihre Kinder in der Kita Hilfe und Unterstützung erfahren.

Vorbereitung des Elterngesprächs

Im Fallbeispiel wäre es wichtig, dass Erzieherin Marie sich zunächst mit der Leitung, ihren Kolleginnen und Kollegen und einer „insoweit erfahrenen Fachkraft" beraten hat, bevor sie zum Elterngespräch einlädt. Aus der bisherigen Dokumentation sollte sie sich die wichtigsten Anhaltspunkte einer Gefährdung, die sie mit den Eltern besprechen möchte, herausschreiben und eine Liste möglicher Fachberatungsstellen und geeigneter Hilfsangebote des Jugendamts mit Adressen erstellen. Sie sollte die Kontaktdaten der örtlichen Erziehungsberatungsstelle und des Jugendamts bereithalten, um erforderliche Hilfen zu beantragen. Für eine gute Gesprächsatmosphäre sollte sie einen aufgeräumten und einladenden Raum vorbereiten und Getränke bereitstellen. Es muss vorab dafür gesorgt werden, dass das Gespräch nicht durch Telefonate, Kolleginnen und Kollegen oder Kinder gestört wird.

Wer sollte zum Elterngespräch eingeladen werden?

Eingeladen werden sollten grundsätzlich beide Elternteile, sofern beiden Elternteilen das Sorgerecht zusteht. In Ausnahmefällen kann es aber auch sinnvoll sein, nur ein Elternteil einzuladen, etwa dann, wenn der Eindruck besteht, dass es leichter ist, zu einem Elternteil in Abwesenheit des anderen Elternteils Zugang zu finden, dass ein Elternteil in Abwesenheit des anderen leichter den Mut findet, sich zu öffnen, oder wenn der Verdacht sexuellen Missbrauchs oder Gewalt seitens des anderen Elternteils besteht.

MERKSATZ

Zum Elterngespräch dürfen nur die Sorgeberechtigten eingeladen werden. Erscheint es sinnvoll, den Lebensgefährten eines Elternteils oder beispielsweise Großeltern, die sich um das Kind kümmern, einzuladen, muss zuvor das Einverständnis der Sorgeberechtigten eingeholt werden (Datenschutz).

Aufseiten der Kita sollten nach Möglichkeit zwei Fachkräfte teilnehmen. Eine Fachkraft kann sich dann bereits während des Gesprächs Notizen für das zu erstellende Gesprächsprotokoll machen. Die ge-

genseitige Unterstützung während des Gesprächs und das nachträgliche gemeinsame Reflektieren können hilfreich sein.

Einladung zum Gespräch

Wenn Sie Eltern zum Elterngespräch einladen, werden diese möglicherweise zunächst fragen, was der Grund für die Einladung sei. Ein planvolles Vorgehen verlangt, dass die Fachkraft sich dann nicht dazu verleiten lässt, sich „zwischen Tür und Angel" zu Einzelheiten des geplanten Elterngesprächs zu äußern. Es ist ausreichend, den Eltern zu erklären, dass man ein außerplanmäßiges Entwicklungsgespräch für sinnvoll erachtet und alles Weitere dann mit Ruhe und Zeit am genannten Termin besprechen möchte.

Eltern sagen das Elterngespräch ab oder erscheinen nicht

Erscheinen die Eltern nicht zum Elterngespräch oder sagen sie das Gespräch ab, sollte ein erneuter Versuch unternommen werden, sie zu einem Gespräch einzuladen. Die Einladung sollte dann möglichst schriftlich erfolgen. Die Wichtigkeit eines Gesprächs sollte den Eltern deutlich gemacht werden. Ignorieren die Eltern die Einladung wiederum oder lehnen sie ein Gespräch ab, sollte die Kita-Leitung das Jugendamt informieren, wenn weiterhin gewichtige Anhaltspunkte einer möglichen Kindeswohlgefährdung fortbestehen (im Einzelnen vgl. Abschnitt 2.3).

Inhalt und Ziel des Elterngesprächs

Pädagogische Fachkräfte sind kraft Gesetzes verpflichtet, den Eltern ihre Gefährdungseinschätzung mitzuteilen, soweit hierdurch der wirksame Schutz des Kindes nicht infrage gestellt wird (vgl. § 8a Abs. 4, Nr. 1 SGB VIII). Dies bedeutet, dass Erzieherinnen und Erzieher im Elterngespräch klar benennen sollten, warum sie sich um das Kind Sorgen machen. Beobachtungen, Befürchtungen und mögliche Konsequenzen sollten den Eltern möglichst transparent offengelegt werden. Es reicht nicht, sich vage in unverbindlichen Andeutungen zu verlieren.

Ziel des Gesprächs sollte sein, darauf hinzuwirken, dass die Eltern oder Sorgeberechtigten erforderliche Hilfen und Unterstützungen in Anspruch nehmen (vgl. § 8a Abs. 4, Nr. 2 SGB VIII). Dies setzt voraus, dass die Erzieherinnen und Erzieher über umfassende Kenntnisse bestehender Hilfsangebote verfügen.

Gemeinsam mit den Eltern sollten verbindliche Absprachen darüber getroffen werden, was sich konkret verändern sollte und welche Beratungs- oder Hilfsangebote in Anspruch genommen werden. Eltern sollen ermutigt werden, sich freiwillig an das Jugendamt zu wenden und Hilfen in Anspruch zu nehmen. Abschließend sollte ein Termin für ein erneutes Elterngespräch vereinbart werden, in dem besprochen werden kann, ob sich die Situation für das Kind positiv verbessert hat und ob die in Anspruch genommenen Angebote hilfreich waren. Verschiedene Hilfsangebote und Unterstützungsleistungen sollen im Kapitel 3 im Einzelnen besprochen werden.

MERKSATZ

Anforderungen an das Elterngespräch (vgl. § 8a Abs. 4 SGB VIII):

1. **Erzieherinnen und Erzieher sollen den Eltern die Gefährdungseinschätzung mitteilen.** Sie sollten klar benennen, warum sie sich Sorgen um das Kind machen.
2. **Den Eltern sollen Hilfen angeboten werden.** Erzieherinnen und Erzieher sollten über ein breites Wissen verschiedener Hilfsangebote und Unterstützungsleistungen verfügen.
3. **Es soll auf die Inanspruchnahme der Hilfen hingewirkt werden.** Daher sollte mit den Eltern besprochen werden, wann welche Hilfen in Anspruch genommen werden. Gegebenenfalls sollte ein Termin für ein erneutes Elterngespräch vereinbart werden.

2

Handlungsleitfaden für das Elterngespräch[1]

Freundliche Begrüßung

„Danke, dass Sie sich Zeit für das Gespräch genommen haben. Nehmen Sie doch bitte Platz, Darf ich Ihnen etwas zu trinken anbieten?“

Gefährdungseinschätzung

Die für das Kind zuständige Fachkraft benennt möglichst konkret und sachlich die Anhaltspunkte einer möglichen Kindeswohlgefährdung, die beobachtet wurden. Vorwürfe, Bagatellisierungen und Dramatisierungen sind zu vermeiden.

„Wir haben Sie eingeladen, weil wir uns Sorgen um Ihr Kind machen. Wir haben beobachtet, dass [...]“

Sichtweise der Eltern

Die Eltern werden gebeten, die Situation aus ihrer Sicht zu schildern.

„Wie erleben Sie die Situation?
Wie verhält sich Ihr Kind zu Hause?“

Weiterer Verlauf des Gesprächs

Es gibt nun drei Möglichkeiten, wie die Eltern reagieren und wie das Elterngespräch weitergeht:

1 *Personensorgeberechtigte werden nachfolgend der Einfachheit halber als „Eltern“ bezeichnet.*

1. Möglichkeit:

Im besten Fall erweist sich der Verdacht der Kita als unbegründet oder die Eltern nehmen bereits professionelle Hilfen wie etwa eine Erziehungsberatung in Anspruch. In diesem Fall sollte trotzdem weiter dokumentiert werden, um zu beobachten, ob sich die Situation positiv für das Kind verbessert und ob die Hilfen, die die Eltern bereits in Anspruch nehmen, ausreichen.

„Bei uns ist alles bestens."

„Wir möchten nicht, dass Sie sich in unsere Angelegenheiten einmischen!"

2. Möglichkeit:

Es kann auch vorkommen, dass die Eltern kein Verständnis für die Sorgen der Erzieherinnen und Erzieher haben, bagatellisieren, abweisend, vielleicht sogar verärgert und aggressiv reagieren. In diesem Fall sollte die Kita Kontakt mit dem Jugendamt aufnehmen, auch wenn die Erzieherinnen und Erzieher unsicher sind, ob ihr Verdacht begründet ist. Denn das Jugendamt hat, anders als die Kita, weitere Möglichkeiten, zu ermitteln.

„Ja, wir haben gerade wirklich eine schwere Zeit […]"

3. Möglichkeit:

Möglich ist aber auch, dass die Eltern sich im Elterngespräch öffnen, sich kooperativ zeigen und dankbar sind, mit den Erzieherinnen und Erziehern über die Probleme sprechen zu können.

→ Hilfen anbieten

In diesem Fall sollten die Erzieherinnen und Erzieher gemeinsam mit den Eltern nach Lösungen suchen und Hilfen anbieten.

„Was meinen Sie – was würde Ihnen helfen?"

Es sollte gemeinsam überlegt werden, welche Änderungen die Eltern herbeiführen können, welche Unterstützungen seitens der Kita angeboten werden können und welche Unterstützungsleistungen bei anderen Einrichtungen und Beratungsstellen beantragt werden können.

„Könnte es für Sie vielleicht hilfreich sein, bei der Erziehungsberatung einen Termin auszumachen?"

„Sie könnten sich auch von einer Familienhilfe unterstützen lassen."

Mögliche Hilfen seitens des Jugendamts, auf die Erzieherinnen und Erzieher verweisen können, werden im Kapitel 3 vorgestellt.

„Haben Sie schon einen Unterhaltsvorschuss beim Jugendamt beantragt?"

→ Auf die Inanspruchnahme der Hilfen hinwirken

Nach dem Gesetzeswortlaut sind pädagogische Fachkräfte verpflichtet, auf die Inanspruchnahme von Hilfen hinzuwirken. Das heißt, es sollte mit den Eltern besprochen werden, bis wann welche Hilfe in Anspruch genommen werden kann.

„Was meinen Sie, bis wann Sie mit Luca zum Zahnarzt gehen können?"

→ Neuen Termin vereinbaren

→ Dokumentation:

Das Elterngespräch sollte unbedingt protokolliert werden.

FAZIT

* Der Lebenspartner der Mutter hätte aus datenschutzrechtlichen Gründen nur mit Zustimmung der Sorgeberechtigten zum Elterngespräch eingeladen werden dürfen. Die Mutter und der Vater, falls die Mutter nicht das alleinige Sorgerecht hat, hätten zuvor gefragt werden müssen, ob sie mit der Anwesenheit des Lebensgefährten einverstanden sind.
* Im Fallbeispiel hätte die Erzieherin der Mutter konkrete Hilfen anbieten sollen. Sie hätte beispielsweise auf die Möglichkeit einer kostenfreien Erziehungsberatung hinweisen können (vgl. § 28 SGB VIII). Des Weiteren hätten verbindliche Absprachen getroffen werden sollen, bis wann es der Mutter möglich ist, beim Zahnarzt und bei einer Beratungsstelle vorstellig zu werden, und bis wann es ihr möglich ist, neue Schuhe zu kaufen. Abschließend hätte ein Termin für ein weiteres Elterngespräch vereinbart werden sollen.
* Beim Elterngespräch hätte möglichst noch eine weitere Fachkraft anwesend sein sollen, um das Gespräch zu protokollieren.

2.3 Wann muss die Kita das Jugendamt benachrichtigen?

FALLBEISPIEL

Im darauffolgenden Elterngespräch reagiert Lucas Mutter sehr abweisend. Als Marie sie auf Lucas Übermüdung, auf das Einnässen und das Fingernägelkauen anspricht und ihr vorschlägt, eine Beratungsstelle aufzusuchen, entgegnet die Mutter nur kurz, sie werde Luca schon noch beibringen, dass man mit sechs Jahren nicht mehr in die Hose macht und an den Fingernägeln kaut. Dabei brauche sie keine Hilfe. Sie möchte nicht, dass die Kita sich in ihre Angelegenheiten einmischt.

Wie sollte Marie weiter vorgehen?

Das Jugendamt muss informiert werden,

a) wenn eine akute Kindeswohlgefährdung vorliegt, die ein sofortiges Handeln erfordert, oder

b) wenn zwar nur Anhaltspunkte einer Gefährdung vorliegen, die Kita aber trotz Ausschöpfung aller ihr zur Verfügung stehenden Möglichkeiten die Gefährdung nicht abwenden kann, entweder weil Eltern Hilfen ablehnen oder angenommene Hilfen nicht ausreichend erscheinen.

a) Akute Gefährdung des Kindeswohls

Wenn das Kindeswohl akut gefährdet ist, muss das Jugendamt umgehend ohne weiteres Zuwarten benachrichtigt werden. Eine akute Gefährdung des Kindeswohls liegt dann vor, wenn ein sofortiges Handeln zum Schutz des Kindes erforderlich ist, um seine Unversehrtheit sicherzustellen. Dies wäre beispielsweise dann der Fall, wenn Luca im Fallbeispiel der Erzieherin anvertrauen würde, dass er Angst hat, nach Hause zu gehen, weil er dort Gewalt, sexuellen Missbrauch oder Ähnliches erfährt.

b) Gewichtige Anhaltspunkte einer Gefährdung des Kindeswohls

Eine akute Gefährdung des Kindeswohls kommt in der Praxis eher selten vor. Meist werden zunächst lediglich Anhaltspunkte für eine Gefährdung beobachtet. Pädagogische Fachkräfte haben oft nur einen Verdacht aufgrund einzelner Anhaltspunkte, ohne jedoch Genaues zu wissen. In diesen Fällen ist eine Meldung ans Jugendamt dann erforderlich, wenn die Kita die mögliche Gefährdung trotz Ausschöpfung aller ihr zur Verfügung stehenden Möglichkeiten nicht abwenden kann, entweder weil die Eltern nicht kooperativ sind, bagatellisieren und nicht bereit sind, Hilfen anzunehmen, oder weil sich die Situation für das Kind trotz Bemühungen der Eltern nicht verbessert.

Die Kita hat dann – anders als das Jugendamt – keine Möglichkeiten, weiter zu ermitteln, ob der Verdacht einer Kindeswohlgefährdung begründet ist. Deshalb sollte der Sachverhalt im Zweifelsfall an das Jugendamt weitergegeben werden.

MERKSATZ

Es hat keinerlei Konsequenzen für pädagogische Fachkräfte, wenn das Jugendamt bei seinen Ermittlungen zu dem Ergebnis kommt, dass keine hinreichenden Anhaltspunkte einer Kindeswohlgefährdung vorliegen. Umgekehrt ist es problematisch, wenn eine Meldung an das Jugendamt trotz begründeten Verdachts einer Kindeswohlgefährdung ausgeblieben ist.

Was bei einer Meldung an das Jugendamt beachtet werden sollte

Die Meldung an das Jugendamt kann telefonisch oder auch schriftlich erfolgen. Die Meldung sollte in der Dokumentation mit Datum und dem Namen der Sachbearbeiterin oder des Sachbearbeiters des Jugendamts, die oder der die Meldung entgegennimmt, vermerkt werden.

Es sollten dem Jugendamt Kopien folgender Unterlagen übermittelt werden:

- Gefährdungseinschätzung (kurze Zusammenfassung, warum man sich um das Kind Sorgen macht)
- bisherige Dokumentation
- Protokoll des Gesprächs mit der „insoweit erfahrenen Fachkraft“
- Protokoll des Elterngesprächs

Nachdem das Jugendamt eingeschaltet wurde, sollte die Dokumentation unbedingt fortgeführt werden. Auffälligkeiten und Beobachtungen sollten weiterhin mit Datum und Unterschrift notiert und gegebenenfalls an das Jugendamt weitergeleitet werden.

Information der Eltern über die Benachrichtigung des Jugendamts

Wenn die Kita das Jugendamt einschaltet, müssen die Eltern darüber informiert werden, es sei denn, dass dadurch der wirksame Schutz des Kindes infrage gestellt würde (vgl. § 4 KKG, § 62 Abs. 2, Nr. 2d SGB VIII).

Keinesfalls sollte man aber den Eltern mit einer Meldung ans Jugendamt drohen, um eine Kooperation zwischen Eltern und Jugendamt nicht zu erschweren. Stattdessen sollte man den Eltern das Anliegen vermitteln, ihnen eine Beratung und Unterstützung durch das Jugendamt zu ermöglichen.

FAZIT

Lucas Einnässen und Nägelkauen, die Übermüdung und sein ungepflegtes Erscheinungsbild sind gewichtige Anhaltspunkte einer Kindeswohlgefährdung. Wenn die Sorgeberechtigten diese Auffälligkeiten nicht ernst nehmen und nicht motiviert werden können, geeignete Hilfen in Anspruch zu nehmen, muss das Jugendamt informiert werden. Denn die Kita hat, anders als das Jugendamt, keine weiteren Möglichkeiten, tätig zu werden und eine Gefährdung für Luca anderweitig abzuwenden.

2

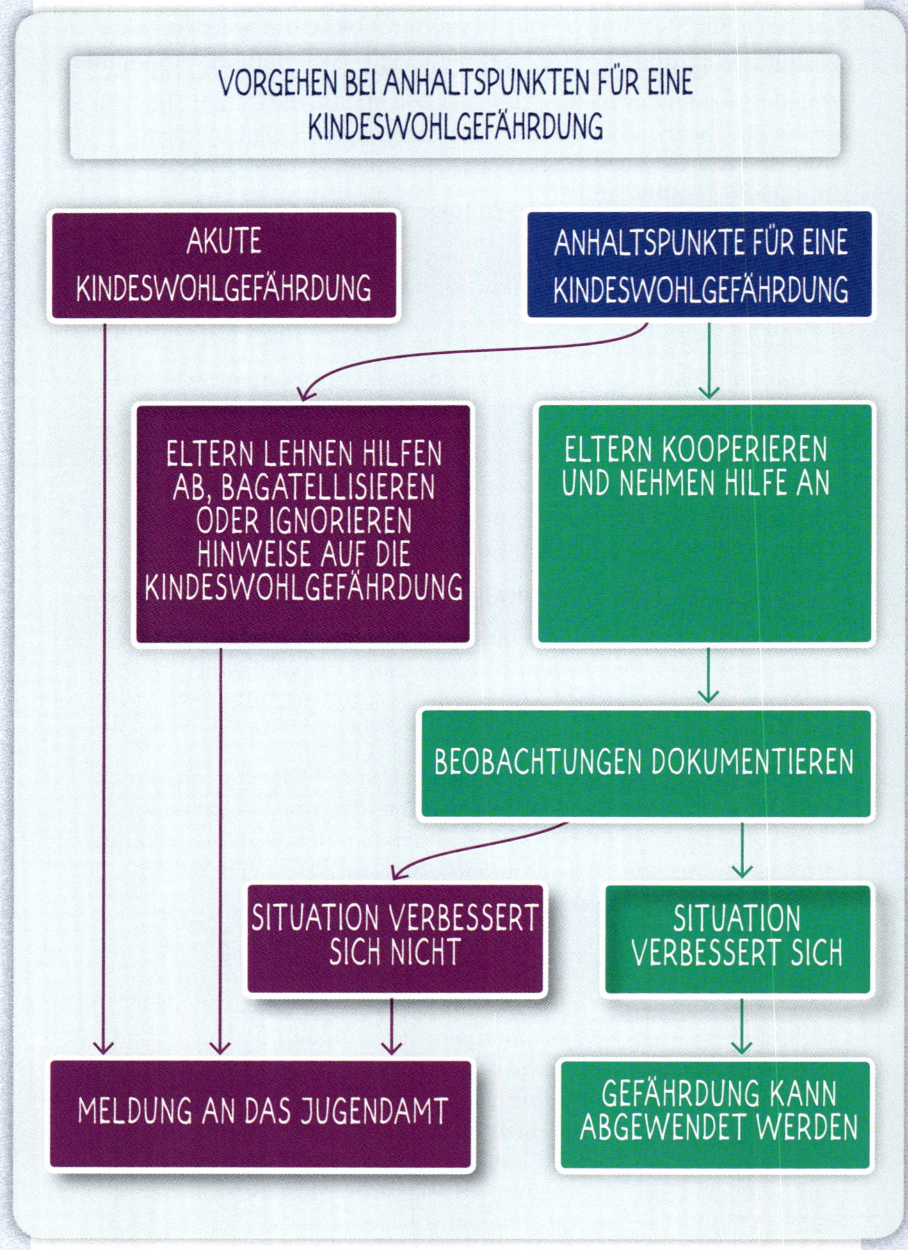
VORGEHEN BEI ANHALTSPUNKTEN FÜR EINE KINDESWOHLGEFÄHRDUNG
AKUTE KINDESWOHLGEFÄHRDUNG
ANHALTSPUNKTE FÜR EINE KINDESWOHLGEFÄHRDUNG
ELTERN LEHNEN HILFEN AB, BAGATELLISIEREN ODER IGNORIEREN HINWEISE AUF DIE KINDESWOHLGEFÄHRDUNG
ELTERN KOOPERIEREN UND NEHMEN HILFE AN
BEOBACHTUNGEN DOKUMENTIEREN
SITUATION VERBESSERT SICH NICHT
SITUATION VERBESSERT SICH
MELDUNG AN DAS JUGENDAMT
GEFÄHRDUNG KANN ABGEWENDET WERDEN

2.4 Was macht das Jugendamt nach Eingang einer Meldung?

FALLBEISPIEL

Die Leitung der Kita hat sich nach dem Elterngespräch entschieden, das Jugendamt zu informieren, weil sie vermutet, dass Luca zu Hause vernachlässigt wird und die Mutter trotz ihrer abwehrenden Haltung Unterstützung benötigt.

Das Team der Kita möchte gerne wissen, wie das Jugendamt nun weiter vorgeht und ob es die Kita über das weitere Vorgehen informieren wird.

Wurden dem Jugendamt Anhaltspunkte einer möglichen Kindeswohlgefährdung gemeldet, möchte man natürlich gerne wissen, wie die Behörde nun weiter vorgeht. Aus datenschutzrechtlichen Gründen wird das Jugendamt der Kita in der Regel keine Auskunft über das weitere Vorgehen in konkreten Fällen erteilen, außer wenn diese Informationen für die Erfüllung des Schutzauftrags der Kita nach § 8a SGB VIII erforderlich sind.

Im Folgenden soll knapp zusammengefasst werden, wie das Jugendamt kraft Gesetz und allgemeiner Dienstanweisungen grundsätzlich vorgehen sollte, nachdem eine Meldung einer möglichen Kindeswohlgefährdung eingegangen ist.

Jede Meldung, die beim Jugendamt wegen Kindeswohlgefährdung eingeht, muss von einer Mitarbeiterin oder einem Mitarbeiter des Allgemeinen Sozialen Dienstes (ASD) schriftlich aufgenommen werden. Der ASD[1] ist ein Fachbereich des Jugendamts[2], der für den Kinderschutz zuständig ist. Man spricht auch von der „Feuerwehr des Jugendamts". Nachdem die Meldung beim Jugendamt eingegangen ist, muss die Situation überprüft werden. Dies sollte durch einen unan-

---

1 *Der ASD wir in Hannover KSD (Kommunaler Sozialdienst) und in München BSA (Bezirkssozialarbeit) genannt.*

2 *Vereinzelt wird der ASD nicht dem Jugendamt, sondern dem Gesundheitsamt oder dem Sozialamt zugeordnet.*

gemeldeten Hausesuch erfolgen. Die Fachkräfte des Jugendamts können sich gegebenenfalls mit Polizei Zutritt zur Wohnung verschaffen und auch eine Ärztin oder einen Arzt hinzuziehen, um sich einen Eindruck vom körperlichen Zustand des Kindes zu verschaffen.

Wie das Jugendamt nun weiter vorgeht, hängt vom jeweiligen Gefährdungsgrad für das Kindeswohl und von der Kooperationsbereitschaft der Eltern ab. Letztendlich sind folgende Möglichkeiten denkbar:

* **Akute Kindeswohlgefährdung:** Besteht eine dringende Gefahr für das Wohl des Kindes, die ein sofortiges Eingreifen erforderlich macht, wird das Kind in Obhut genommen. Das Kind wird von den Fachkräften aus der Familie genommen.
* **Anhaltspunkte einer Kindeswohlgefährdung:** Liegen Anhaltspunkte einer Kindeswohlgefährdung vor, die nicht akut ist, sodass eine sofortige Herausnahme des Kindes aus der Familie nicht erforderlich ist, hängt das weitere Vorgehen des Jugendamts vom Kooperationsverhalten und von den Ressourcen der Eltern ab.
* **Eltern sind kooperativ:** Sind die Eltern bereit, mit dem Jugendamt zusammenzuarbeiten, werden die Fachkräfte des Jugendamts gemeinsam mit den Eltern und dem Kind in einem Hilfeplanverfahren gemeinsame Ziele und Hilfen vereinbaren, die geeignet sind, die Kindeswohlgefährdung abzuwenden. Es folgen weitere Hausbesuche und Kontrolltermine.
* **Eltern sind nicht kooperativ:** Sind die Eltern dagegen nicht gewillt oder nicht in der Lage, die Gefährdung für das Kindeswohl abzuwenden, muss das Jugendamt beim Familiengericht einen Antrag stellen, damit das Familiengericht die zur Abwendung der Gefahr erforderlichen Maßnahmen trifft. Denkbar wäre beispielsweise, dass die Eltern verpflichtet werden, Frühförderung in Anspruch zu nehmen. Möglich wäre auch, dass das Familiengericht den Eltern das Aufenthaltsbestimmungsrecht entzieht und auf das Jugendamt überträgt, sodass das Jugendamt auch gegen den Willen der Eltern die Kinder in einer Pflegefamilie oder Jugendhilfeeinrichtung unterbringen kann.
* **Keine Anhaltspunkte einer Kindeswohlgefährdung:** Bestenfalls kommen die Fachkräfte des Jugendamts zu dem Ergebnis, dass keine Anhaltspunkte einer Kindeswohlgefährdung vorliegen und der Fall eingestellt werden kann.

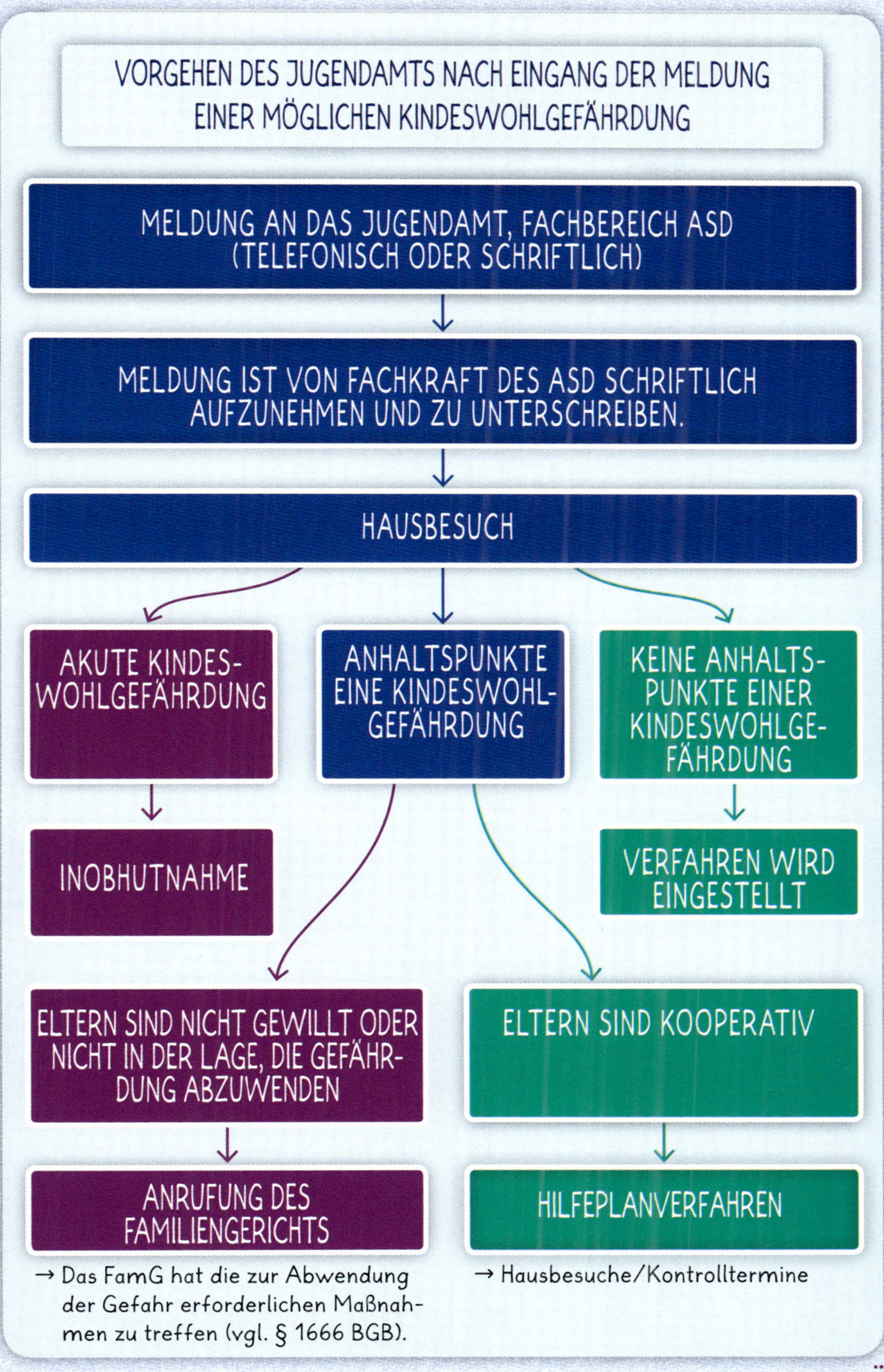
VORGEHEN DES JUGENDAMTS NACH EINGANG DER MELDUNG EINER MÖGLICHEN KINDESWOHLGEFÄHRDUNG
MELDUNG AN DAS JUGENDAMT, FACHBEREICH ASD (TELEFONISCH ODER SCHRIFTLICH)
MELDUNG IST VON FACHKRAFT DES ASD SCHRIFTLICH AUFZUNEHMEN UND ZU UNTERSCHREIBEN.
HAUSBESUCH
AKUTE KINDES-WOHLGEFÄHRDUNG
ANHALTSPUNKTE EINE KINDESWOHL-GEFÄHRDUNG
KEINE ANHALTS-PUNKTE EINER KINDESWOHLGE-FÄHRDUNG
INOBHUTNAHME
VERFAHREN WIRD EINGESTELLT
ELTERN SIND NICHT GEWILLT ODER NICHT IN DER LAGE, DIE GEFÄHR-DUNG ABZUWENDEN
ELTERN SIND KOOPERATIV
ANRUFUNG DES FAMILIENGERICHTS
HILFEPLANVERFAHREN
→ Das FamG hat die zur Abwendung der Gefahr erforderlichen Maßnah-men zu treffen (vgl. § 1666 BGB).
→ Hausbesuche/Kontrolltermine

EIGENE NOTIZEN

3 Entwicklungsauffälligkeiten bei Kindern – uneinsichtige Eltern

In diesem Kapitel geht es um die Frage, was pädagogische Fachkräfte tun können, wenn sie bei einem Kind Entwicklungsauffälligkeiten beobachten, die Eltern jedoch nicht willig oder in der Lage sind, entsprechende Unterstützung in Anspruch zu nehmen, oder wenn die in Anspruch genommenen Hilfen nicht ausreichen.

Des Weiteren wird erklärt, was unter Frühförderung zu verstehen ist und wie die Kita die Maßnahmen begleiten kann.

3.1 Was tun, wenn Eltern eine notwendige Frühförderung ihrer Kinder nicht wollen?

FALLBEISPIEL

Die fünfjährige Leonie ist sprachlich und motorisch im Vergleich zu anderen Kindern in ihrem Alter weit zurück. Als Erzieher Marc Leonies Mutter darauf anspricht, meint diese, sie habe nicht die Zeit, wegen solcher Kleinigkeiten zum Arzt zu gehen, und Leonies Entwicklungsauffälligkeiten würden sich von ganz allein verwachsen.

Welche Möglichkeiten haben pädagogische Fachkräfte in Kitas, wenn Eltern nicht gewillt oder nicht in der Lage sind, Frühfördermöglichkeiten in Anspruch zu nehmen?

Zeigen sich bei einem Kind deutliche Entwicklungsverzögerungen oder Verhaltensstörungen und sind die Personensorgeberechtigten nicht gewillt oder nicht in der Lage, geeignete Unterstützung oder Fördermöglichkeiten für das Kind in Anspruch zu nehmen, liegen gewichtige Anhaltspunkte einer Kindeswohlgefährdung vor, die das Eingreifen der pädagogischen Fachkraft und gegebenenfalls des Jugendamts erforderlich machen (§ 8a SGB VIII)[1].

MERKSATZ

Wenn Fachkräfte in Kitas Entwicklungsauffälligkeiten wahrnehmen und den Eindruck haben, dass die Eltern die notwendigen Fördermöglichkeiten nicht in Anspruch nehmen, sind sie verpflichtet, zum Schutz des Kindes tätig zu werden (vgl. § 8a Abs. 4 SGB VIII).

Zunächst empfiehlt sich, gemeinsam mit den Kolleginnen und Kollegen und der Leitung die Beobachtungen in einer Teamsitzung zu besprechen. Die beobachteten Auffälligkeiten sollten von der Bezugser-

1 Vgl. BayOLG, FamRZ 1997, S. 1553 ff.; OLG Celle ZfJ 2005, S. 373.

zieherin oder dem Bezugserzieher regelmäßig schriftlich notiert werden. Dies kann formlos erfolgen. Es sollte jedoch darauf geachtet werden, regelmäßig das Datum aufzuschreiben, wann das jeweilige Verhalten aufgefallen ist. Diese Dokumentation muss aus Gründen des Datenschutzes verschlossen aufbewahrt werden, denn es handelt sich um besonders schützenswerte Daten nach der DSGVO. Daher ist darauf zu achten, dass die Dokumentation nicht im Gruppenraum liegen bleibt.

Wenn die Eltern nicht bereit sind, Entwicklungsauffälligkeiten ihrer Kinder abklären zu lassen, und eine erforderliche Frühförderung nicht in Anspruch nehmen, sollten sich pädagogische Fachkräfte von einer „insoweit erfahrenen Fachkraft“ fachlich beraten lassen (vgl. §§ 8a, 8b SGB VIII). Pädagogische Fachkräfte haben einen Anspruch auf diese kostenfreie Fachberatung. Meist vermittelt der Träger der Kita die Beratung durch eine „insoweit erfahrene Fachkraft“. Pädagogische Fachkräfte oder auch die Leitung der Kita können sich aber auch direkt an die „insoweit erfahrene Fachkraft“ wenden. Die Kontaktdaten können sie sich vom Jugendamt geben lassen.

MERKSATZ

Aufgabe der „insoweit erfahrenen Fachkraft“ ist die Beratung der Erzieherinnen und Erzieher der Kita bei der Einschätzung der Entwicklungsauffälligkeiten und der Entscheidung, wie zum Schutz des Kindeswohls weiter vorgegangen werden soll.

Zeigen sich die Eltern im Elterngespräch nach wie vor uneinsichtig und sind sie nicht bereit, Fördermöglichkeiten in Anspruch zu nehmen, oder erscheinen die in Anspruch genommenen Hilfen der Eltern nicht ausreichend, muss die Kita das Jugendamt informieren (vgl. § 8a Abs. 4, Nr. 2 SGB VIII). Denn in diesem Fall steht der Kita dann keine andere Möglichkeit mehr zur Verfügung, um eine Gefährdung des Kindeswohls abzuwenden.

3

VORGEHEN BEI ENTWICKLUNGSAUFFÄLLIGKEITEN

ENTWICKLUNGSAUFFÄLLIGKEITEN

↓

AUSTAUSCH MIT KOLLEGENKREIS UND LEITUNG

↓

DOKUMENTATION DER ENTWICKLUNGSAUFFÄLLIGKEITEN

↓

GEGEBENENFALLS BERATUNG MIT EINER „INSOWEIT ERFAHRENEN FACHKRAFT“ NACH § 8b SGB VIII

↓

Außerplanmäßiges Entwicklungsgespräch mit Personensorgeberechtigten:
- Darlegung der beobachteten Entwicklungsauffälligkeiten (gegebenenfalls anhand der Dokumentation)

Falls Eltern noch keine Unterstützungsangebote in Anspruch nehmen:
- Vermittlung geeigneter Hilfsangebote (Frühförderung, Logopädie, Ergotherapie etc.)
- verbindliche Absprachen, Vereinbarung eines neuen Gesprächstermins

Eltern nehmen Hilfsangebote in Anspruch

↓

Beobachtung und Dokumentation der kindlichen Entwicklung

↓

Entwicklungsrückstände bleiben unverändert,
- weil die Eltern Förderangebote nicht regelmäßig wahrnehmen oder
- weil die Förderung nicht ausreichend ist

Eltern nehmen keine Förderangebote in Anspruch (bagatellisieren, sind uneinsichtig, überfordert etc.)

↓

Meldung an das Jugendamt:
- Beschreibung des Entwicklungsrückstands und des elterlichen Verhaltens (= Anhaltspunkte einer Kindeswohlgefährdung)
- Übermittlung der Dokumentation
- Protokoll des Elterngesprächs

↓

Jugendamt nimmt Kontakt mit den Eltern auf und wirkt darauf hin, dass Eltern geeignete Hilfen in Anspruch nehmen, um eine Gefährdung des Kindeswohls abzuwenden.

3.2 Was ist unter Frühförderung zu verstehen?

FALLBEISPIEL

Die Mutter der dreijährigen Mara ist sehr betroffen, als die Erzieherin im Entwicklungsgespräch auf eine mögliche Entwicklungsverzögerung zu sprechen kommt.
Sie möchte von der Erzieherin wissen, wie sie jetzt weiter vorgehen sollte.

Welche Empfehlung könnte die Erzieherin der Mutter geben?

Fallen pädagogischen Fachkräften in der Kita Anzeichen einer möglichen Entwicklungsverzögerung auf, sei es sprachlich, motorisch oder in anderer Hinsicht, sollten sie den Erziehungsberechtigten im Elterngespräch nahelegen, dies von der Kinderärztin/dem Kinderarzt abklären zu lassen. Der Weg zur Frühförderung muss aber nicht zwingend über die Kinderärztin/den Kinderarzt führen. Eltern können sich auch direkt an die niedergelassenen Frühförderstellen wenden. Wichtig ist, dass Eltern zeitnah den Verdacht auf Entwicklungsverzögerung abklären lassen, denn je früher Auffälligkeiten diagnostiziert werden, desto besser kann dem Kind geholfen werden.

DEFINITION

Frühförderung ist ein Förderangebot für Kinder im Vorschulalter, die von einer Behinderung betroffen oder bedroht sind. Die Frühförderung soll Kinder mit Entwicklungsbeeinträchtigungen oder Entwicklungsverzögerungen auch bereits vorbeugend durch geeignete Maßnahmen in ihrer Entwicklung unterstützen.

Kinder mit Frühförderbedarf werden dann durch heilpädagogische oder medizinisch-therapeutische Maßnahmen, z. B. durch Logopädie, Ergotherapie oder Krankengymnastik, gezielt in ihrer Entwicklung unterstützt.

Wie und wo Frühförderung beantragt werden kann, ist in den verschiedenen Bundesländern unterschiedlich geregelt. Pädagogische Fachkräfte sollten beim Jugendamt Informationen über den örtlichen Antragsweg und die Kontaktdaten der zuständigen Frühförderstelle einholen. Für Eltern ist die Frühförderung kostenlos. Die Kosten werden von der Krankenkasse oder dem Sozialhilfe- oder Jugendhilfeträger übernommen.

3

3.3 Kann die Kita Auskunft über die Frühförderungsmaßnahmen einholen?

FALLBEISPIEL

Die Mutter der dreijährigen Mara teilt der Erzieherin mit, dass der Kinderarzt empfohlen hat, wegen der Entwicklungsverzögerungen und der Sprachschwierigkeiten die Frühförderstelle und eine Logopädin oder einen Logopäden aufzusuchen.
Die für Mara zuständige Erzieherin würde gerne Kontakt zur Frühförderstelle und zur Logopädin/zum Logopäden aufnehmen, um zu erfahren, ob die Mutter den Termin wahrgenommen hat und wie die Sprachentwicklung von Mara in der Kita unterstützt und gefördert werden kann.

Kann die Erzieherin bei der Frühförderung diese Auskünfte einholen?

Es ist grundsätzlich wünschenswert, dass die Kita mit den Fachkräften der Frühförderung, den Therapeutinnen oder Therapeuten der verschiedenen Förderangebote wie beispielsweise den Fachkräften aus den Bereichen Logopädie, Ergotherapie, Physiotherapie und der Erziehungsberatung gemeinsam zum Wohl des Kindes interdisziplinär zusammenarbeitet. Es kann für die Kita sehr wichtig sein, zu erfahren, ob Hilfen von den Eltern überhaupt in Anspruch genommen wurden, wie Erzieherinnen und Erzieher das Kind in der Kita individuell unterstützen können und ob die in Anspruch genommenen Hilfen ausreichen.

Aus datenschutzrechtlichen Gründen werden die jeweiligen hilfeleistenden Fachkräfte und Therapeutinnen und Therapeuten der Kita keine Auskunft erteilen, es sei denn, die Sorgeberechtigten erklären sich mit einer Auskunftserteilung an die Kita einverstanden. Deshalb kann es sinnvoll sein, sich nach dem Elterngespräch von den Eltern eine Einverständniserklärung unterschreiben zu lassen, die die Kita berechtigt, sich bei der Frühförderung oder den jeweiligen Therapeutinnen und Therapeuten oder Fachkräften über das Kind zu informieren.

Achtung: Wenn eine Therapeutin bzw. ein Therapeut oder eine Ärztin bzw. ein Arzt Ihnen mitgeteilt hat, dass die Eltern sie oder ihn von seiner Schweigepflicht entbunden haben, heißt das noch nicht, dass pädagogische Fachkräfte Informationen über das Kind weitergeben dürfen. Hierfür ist eine zusätzliche Einverständniserklärung der Sorgeberechtigten erforderlich.

Einwilligungserklärung zur Weitergabe von Daten:

Wir

....

(Sorgeberechtigte)

sind damit einverstanden, dass die Leitung der Kita

....

Name der Kita

Frau/Herr

....

Name der Leitung der Kita

sich fachlich über die Förderung und Unterstützung von

....

(Name und Geburtsdatum des Kindes)

mit

....

(z. B. Frühförderstelle, Logopädiepraxis, Ergotherapiepraxis etc.)

austauscht.

Auskünfte über das Kind werden der Kita nur zum Zweck der Förderung und Unterstützung

....

(der entwicklungsverzögerte Bereich ist einzutragen, z.B. Sprachentwicklung, Feinmotorik etc.)

erteilt.

Diese Erklärung kann jederzeit frei widerrufen werden.

....

Datum und Unterschrift der Sorgeberechtigten

EIGENE NOTIZEN

4 Hilfen und Unterstützung des Jugendamts

Pädagogische Fachkräfte in Kitas beraten Eltern in Elterngesprächen und machen sie auf geeignete Hilfen des Jugendamts aufmerksam. In diesem Kapitel wird ein Überblick über mögliche Hilfen und Unterstützungsleistungen des Jugendamts für Eltern und Kinder in schwierigen Lebenssituationen gegeben.

4

4.1 Welche Hilfen bietet das Jugendamt an?

FALLBEISPIEL

Der vierjährige Jonas kommt oft ungepflegt und verspätet in die Kita. Im Elterngespräch stellt sich heraus, dass die Mutter unter Depressionen leidet und morgens nur sehr schwer, manchmal auch gar nicht aus dem Bett kommt. Finanziell kommt Jonas' Mutter kaum über die Runden, weil sein Vater keinen Unterhalt mehr zahlt, seitdem er ausgezogen ist.

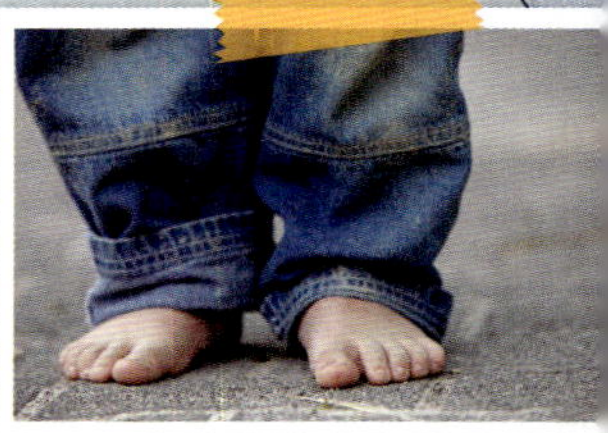

Was kann die Erzieherin der Mutter empfehlen?

Das Jugendamt stellt eine Vielzahl verschiedener Hilfen und Unterstützungsleistungen für Eltern und Kinder bereit. Diese Hilfen werden häufig nicht in Anspruch genommen, weil die Betroffenen davon keine Kenntnis haben. In den seltensten Fällen finden Hilfsbedürftige selbst den Weg zum Jugendamt. Meist sind sie darauf angewiesen, dass pädagogische Fachkräfte sie auf einschlägige Unterstützungsleistungen des Jugendamts hinweisen und sie bei der Inanspruchnahme unterstützen.

Liegen bei einem Kind Anhaltspunkte einer Kindeswohlgefährdung vor, sind Erzieherinnen und Erzieher verpflichtet, Eltern auf geeignete Hilfen hinzuweisen und auf die Inanspruchnahme der Hilfen hinzuwirken. Dies setzt voraus, dass ihnen die einschlägigen Hilfen bekannt sind. Im Folgenden soll ein Überblick über Hilfen und Unterstützungsleistungen gegeben werden, die Erzieherinnen und Erzieher in Kitas kennen sollten.

Sozialpädagogische Familienhilfe (§ 31 SGB VIII)

Beispiel

Leidet die Mutter wie im Einstiegsfall unter Depressionen oder braucht sie aus einem anderen Grund Unterstützung im Alltag, kann vom Jugendamt eine sozialpädagogische Familienhilfe vermittelt werden. Im Fallbeispiel könnte die Familienhilfe täglich morgens die Mutter beim Aufstehen unterstützen, das Kind versorgen und in die Kita bringen.

Die sozialpädagogische Familienhilfe ist eine ambulante Hilfe des Jugendamts zur Unterstützung von Familien in Krisensituationen. Zunächst wird in einem Hilfeplangespräch gemeinsam mit Eltern und Kindern die Familiensituation analysiert und der Hilfebedarf festgestellt. Durch die Unterstützung der Familienhilfe sollte die Familie befähigt werden, ihren Alltag künftig selbstständig zu bewältigen. Aufgabe der Familienhilfe ist es beispielsweise, gemeinsam mit der Familie den Tagesablauf zu strukturieren und zu gestalten, die Eltern bei Erziehungsproblemen, aber auch im Kontakt mit Ämtern und Behörden zu unterstützen, auf eine Schuldnerberatung hinzuwirken, Sozialleistungen zu beantragen etc.

Neben der Familienhilfe bieten Jugendämter weitere ambulante Hilfen wie zum Beispiel den Erziehungsbeistand an (vgl. § 30 SGB VIII). Diese Form der Unterstützung wird aber in der Regel für ältere Kinder, nicht für Kita-Kinder angeboten.

Unterstützung bei der Geltendmachung von Unterhaltsansprüchen (§ 18 Abs. 1 SGB VIII i. V. m. § 1 Unterhaltsvorschussgesetz – UhVorschG)

Beispiel

Die Mutter im Fallbeispiel könnte sich an das Jugendamt wenden. Das Jugendamt würde ihr bei der Geltendmachung ihrer Unterhaltsansprüche helfen und den Unterhalt für die Kinder vorstrecken, bis der Vater seiner Unterhaltspflicht nachkommt.

Alleinerziehende Mütter oder Väter können sich beim Jugendamt über die ihnen zustehenden Unterhaltsansprüche beraten und bei der Durchsetzung der Ansprüche unterstützen lassen. Das Jugendamt ist berechtigt, vom anderen Elternteil Auskunft über dessen Einkommens- und Vermögensverhältnisse zu verlangen. Die Berechnung der Unterhaltsansprüche ist meistens sehr kompliziert. Die Unterstützung bei der Geltendmachung von Unterhaltsansprüchen ist beim Jugendamt kostenlos.

Wenn der andere Elternteil keinen regelmäßigen Unterhalt bezahlt, haben Kinder, die bei einem alleinerziehenden Elternteil leben, Anspruch auf Unterhaltsvorschuss (vgl. § 1 UhVorschG). Das bedeutet, dass das

Jugendamt zunächst den Kindesunterhalt an den alleinerziehenden Elternteil zahlt und sich dann eigenständig, gegebenenfalls durch Klage, darum bemüht, die Unterhaltszahlung vom anderen Elternteil zurückerstattet zu bekommen (vgl. § 7 UhVorschG). Da der Unterhaltsvorschuss vom Jugendamt grundsätzlich nicht rückwirkend bezahlt wird, sollte der Antrag beim Jugendamt schnellstmöglich gestellt werden.

Beratung und Unterstützung bei der Ausübung des Umgangsrechts (§ 18 Abs. 3 SGB VIII)

Beispiel

Jonas' Mutter erzählt der Erzieherin, dass Jonas seinen Vater sehr vermisst. Seit der Trennung hätte der Vater den Kontakt zu Jonas abgebrochen und vereinbarte Treffen unter fadenscheinigen Gründen kurzfristig abgesagt.

Die Erzieherin sollte der Mutter empfehlen, sich an das Jugendamt zu wenden und um Unterstützung zu bitten.

Kinder haben das Recht auf Umgang mit beiden Elternteilen (§§ 1684, 1626 Abs. 3 BGB, vgl. auch § 1685 BGB). Jeder Elternteil ist zum Umgang mit dem Kind verpflichtet. Das Jugendamt berät und unterstützt Kinder bei der Ausübung ihres Umgangsrechts (§ 18 Abs. 3 SGB VIII). Zunächst wird das Jugendamt Kontakt zum anderen Elternteil aufnehmen und versuchen, gemeinsam mit den Eltern und dem Kind verbindliche Umgangsregelungen zu vereinbaren. Vielleicht gelingt es dem Jugendamt, dem anderen Elternteil die Bedeutung des Umgangs für die kindliche Entwicklung zu verdeutlichen. Das Jugendamt kann allerdings nur vermitteln. Bleiben seine Bemühungen erfolglos, ist es nicht möglich, den Anspruch des Kindes auf Umgang mit beiden Elternteilen gerichtlich durchzusetzen. Das Bundesverfassungsgericht hat bereits entschieden, dass die Umgangspflicht eines umgangsunwilligen Elternteils nicht zwangsweise durchgesetzt werden kann, weil ein erzwungener Umgang nicht dem Kindeswohl dient.

Beratung in Fragen der Partnerschaft, Trennung und Scheidung (§ 17 SGB VIII)

Beispiel

Die Mutter im Fallbeispiel ist ratlos, wie es nun nach der Trennung weitergehen soll. In diesem Fall sollte die Erzieherin sie auf die Möglichkeit aufmerksam machen, beim Jugendamt eine Beratung in Fragen Partnerschaft, Trennung und Scheidung in Anspruch zu nehmen (vgl. § 17 SGB VIII).

Trennung und Scheidung sind für Paare, aber vor allem auch für Kinder eine große Herausforderung. Mütter und Väter können sich bei Paar- und Familienkrisen oder bei Fragen zur Trennung oder Scheidung beim Jugendamt professionell beraten lassen. In der Beratungsstelle arbeiten Fachleute mit unterschiedlichen Ausbildungen in einem Team zusammen. Die Beratung soll helfen, Krisen und Konflikte zu bewältigen oder im Fall einer Trennung oder Scheidung die Familie zu unterstützten, Lösungen zu finden, die dem Wohl der Kinder dienen.

Betreuung in Notsituationen (§ 20 SGB VIII)

Beispiel

Wenn die alleinerziehende Mutter im Fallbeispiel wegen der Depressionen in einer Klinik stationär behandelt werden muss und niemanden hat, der sich währenddessen um ihr Kind kümmert, kann sie beim Jugendamt für diese Zeit eine Betreuungsperson beantragen.

Fällt ein Elternteil aus gesundheitlichen oder anderen zwingenden Gründen aus, kann eine Betreuungsperson beim Jugendamt, eine sogenannte Familienpflege, beantragt werden (vgl. § 20 SGB VIII). Das Jugendamt vermittelt in der Regel in Zusammenarbeit mit einem freien Träger eine sozialpädagogisch vorgebildete Person, die in die Familie kommt und die Betreuung übernimmt. Soweit dies erforderlich ist, übernachtet die Familienpflege bei den Kindern zu Hause. Diese Form der Betreuung soll ermöglichen, dass Kinder in Notsituationen in ihrem vertrauten Umfeld bleiben können. Die für die Kinder belastende Situation einer Fremdunterbringung soll vermieden werden.

Neben der Familienpflege nach § 20 SGB VIII, die sich um die Versorgung der Kinder kümmert, besteht gegenüber der Krankenkasse gegebenenfalls ein Anspruch auf eine Haushaltshilfe, wenn die Mutter z. B.

das Bett nicht verlassen kann oder es ihr infolge einer Krankheit nicht möglich ist, den Haushalt weiterzuführen (vgl. § 38 SGB V).

Erziehungsberatung (§ 28 SGB VIII)

Beispiel

Wenn Kinder in der Kita sich emotional zurückziehen, überängstlich wirken, aggressiv reagieren, adipös sind, Essstörungen zeigen, Entwicklungsrückschritte machen oder andere Verhaltensauffälligkeiten und psychische Probleme zeigen, kann es sinnvoll sein, die Eltern auf die Möglichkeit der Erziehungsberatung aufmerksam zu machen.

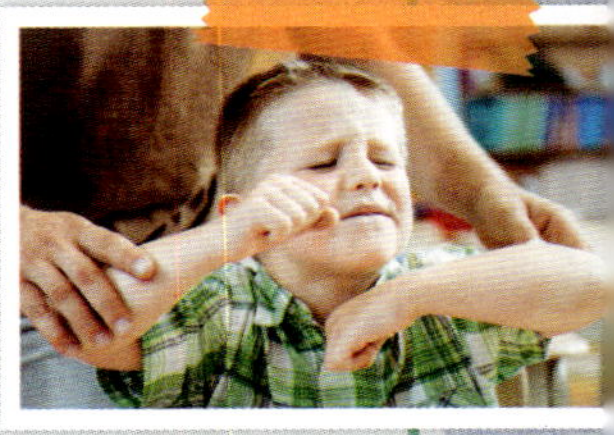

Die Erziehungsberatung ist eine besonders niedrigschwellige Hilfe. Eltern und andere Erziehungsberechtigte können die Erziehungsberatung kostenlos in Anspruch nehmen, ohne sie vorab förmlich beim Jugendamt zu beantragen (§ 36a Abs. 2 SGB VIII). Meist wird die Erziehungsberatung von freien Trägern (Caritas, Diakonie etc.) angeboten. Eltern und andere Erziehungsberechtigte werden bei kleinen und größeren Problemen mit ihren Kindern in der Erziehungsberatung professionell von Fachkräften verschiedener Fachrichtungen (Pädagogen, Psychologen) beraten und unterstützt.

Für das Erstgespräch sollte telefonisch ein Termin bei der Erziehungsberatung ausgemacht werden. Bei jüngeren Kindern findet das Erstgespräch meist nur mit den Eltern statt. Sämtliche Gespräche unterliegen der Schweigepflicht. Es ist aber auch möglich, sich anonym beraten zu lassen, entweder telefonisch oder online.

FAZIT

Die Erzieherin sollte die Mutter darauf aufmerksam machen, dass sie beim Jugendamt einen Unterhaltsvorschuss beantragen kann und sich bei der Geltendmachung ihrer Unterhaltsansprüche beraten lassen kann. Die Erzieherin sollte die Mutter auch auf die Möglichkeit einer Unterstützung durch eine sozialpädagogische Familienhilfe hinweisen. Es wäre hilfreich, wenn die Erzieherin der Mutter die Kontaktdaten der für Unterhaltsfragen und Familienhilfe zuständigen Sachbearbeitungsstelle des Jugendamts geben würde.

➡ **Vertiefungshinweis**
Schnurr, Heike: Sicher im Recht – Kompetent in der Praxis, Westermann Berufliche Bildung, Köln 2023, S. 140–150.

4.2 Kosten die Hilfen des Jugendamts die Eltern etwas?

FALLBEISPIEL

Jonas' Mutter hat Bedenken, sich an das Jugendamt zu wenden, weil sie Sorge hat, dass sie die Kosten für die Unterstützungsleistungen des Jugendamts nicht tragen kann.

Welche Kosten können auf Jonas' Mutter zukommen?

Sämtliche Beratungsdienste des Jugendamts sind kostenfrei, unabhängig davon, ob sie vom Jugendamt oder von einem freien Träger der Jugendhilfe (Caritas, Diakonie, AWO etc.) angeboten werden. Auch die Betreuung der Kinder im Haushalt durch eine Familienpflege (§ 20 SGB VIII) und die sozialpädagogische Familienhilfe (§ 31 SGB VIII) sind für die Eltern kostenlos. Die Kosten für diese ambulanten Hilfen zur Erziehung trägt der örtliche Träger der öffentlichen Jugendhilfe.

Nur dann, wenn ein Kind in einer Pflegefamilie, einem Jugendhilfeheim oder einer Tagesgruppe untergebracht werden muss, können die Eltern im „angemessenen Umfang" an den Kosten beteiligt werden. Aber auch in diesen Fällen kann das Jugendamt von einer Kostenerhebung absehen, wenn hierdurch Ziel und Zweck der Leistung gefährdet würden (vgl. § 92 Abs. 5 SGB VIII).

FAZIT

Auf die Mutter kommen keinerlei Kosten zu, wenn sie die Angebote des Jugendamts in Anspruch nimmt.

KOSTEN DER LEISTUNGEN DER JUGENDHILFE

Erziehungsberatung § 28 SGB VIII	Soziale Gruppenarbeit § 29 SGB VIII	Erziehungsbeistand § 30 SGB VIII	Soz. päd. Familienhhilfe § 31 SGB VIII	Tagesgruppe § 32 SGB VIII	Pflegefamilie § 33 SGB VIII	Heim, betreutes Wohnen etc. § 34 SGB VIII	Intensive soz. päd. Einzelbetreuung § 35 SGB VIII	
Ambulante Hilfen				Teilstationär	Stationär		Stationär	Ambulant
Kostenfrei				Kostenbeteiligung in „angemessenem“ Umfang möglich (entscheidend ist das Einkommen der Sorgeberechtigten)			Evtl. Kostenbeteiligung	Kostenfrei

(Schnurr 2023a, S. 149)

4.3 Darf das Jugendamt den Eltern gegen deren Willen das Kind wegnehmen?

FALLBEISPIEL

Jonas' Mutter befürchtet, dass ihr Jonas möglicherweise weggenommen und in einer Pflegefamilie untergebracht wird, wenn sie sich an das Jugendamt wendet und die Fachkräfte dort erfahren, wie schwierig ihre häusliche Situation ist.

Sind die Sorgen der Mutter berechtigt?

Das Jugendamt ist verpflichtet, die Mutter durch geeignete Hilfen zu unterstützen (vgl. § 27 SGB VIII). Nur dann, wenn ambulante Hilfen nicht ausreichen, kommt die sehr kostenintensive außerfamiliäre Unterbringung von Kindern in Betracht.

Das Jugendamt ist grundsätzlich nicht berechtigt, Minderjährige gegen den Willen der Sorgeberechtigten außerfamiliär in einer Pflegefamilie oder einer Jugendhilfeeinrichtung unterzubringen. Solche Eingriffe in das Elternrecht sind nur aufgrund richterlicher Entscheidungen möglich. Eine gerichtliche Entscheidung, die eine Trennung des Kindes von der Familie vorsieht, ist der stärkste vorstellbare Eingriff in das Elternrecht. Dies ist nur dann zulässig, wenn mildere Mittel nicht ausreichen, die Gefahr für das Kind abzuwenden (vgl. §§ 1666, 1666a BGB). Das Jugendamt muss deshalb zunächst alle in Betracht kommenden ambulanten Hilfen und Unterstützungsleistungen erfolglos ausgeschöpft haben, bevor eine Fremdunterbringung gerichtlich angeordnet werden kann.

Nur dann, wenn eine familiengerichtliche Entscheidung nicht rechtzeitig eingeholt werden kann und eine dringende Gefahr für das Wohl des Kindes besteht, kann das Jugendamt das Kind vorübergehend in Obhut nehmen. Widersprechen die Eltern der Inobhutnahme, so muss das Jugendamt unverzüglich eine Entscheidung des Familiengerichts über die weiteren erforderlichen Maßnahmen herbeiführen (vgl. § 42 Abs. 3 SGB VIII).

FAZIT

Es ist davon auszugehen, dass das Jugendamt versuchen wird, die Mutter durch geeignete Hilfen zur Erziehung zu unterstützen, damit Jonas bei der Mutter wohnen bleiben kann (vgl. §§ 27 ff. SGB VIII).

Das Jugendamt ist nicht berechtigt, eigenmächtig gegen den Willen der Mutter Jonas in einer Pflegefamilie unterzubringen. Nur dann, wenn alle anderen weniger einschneidenden Hilfen des Jugendamts nicht ausreichen und die Mutter dennoch nicht mit einer Fremdunterbringung einverstanden ist, wird das Jugendamt eine Entscheidung des Familiengerichts beantragen, um Jonas in einer Pflegefamilie unterzubringen.

DARF DAS JUGENDAMT DEN ELTERN GEGEN DEREN WILLEN DAS KIND WEGNEHMEN?

PRINZIP DER FREIWILLIGKEIT

* Die Inanspruchnahme sämtlicher Hilfen des Jugendamts ist freiwillig.
* Das Jugendamt darf das Kind grundsätzlich nicht gegen den Willen der Eltern in einer Pflegefamilie oder Jugendhilfeeinrichtung unterbringen.

AUSNAHMEN

* Vorübergehende Inobhutnahme durch das Jugendamt zum Schutz des Kindes (vgl. § 42 SGB VIII).
* Das Familiengericht entscheidet, dass die Trennung des Kindes von der Familie erforderlich ist, weil weniger einschneidende Hilfen des Jugendamts nicht ausreichen, um eine Kindeswohlgefährdung abzuwenden (vgl. §§ 1666, 1666a BGB).
* Den Eltern steht die elterliche Sorge oder das Aufenthaltsbestimmungsrecht nicht zu.

EIGENE NOTIZEN

5 Was darf wem erzählt werden? Datenschutz be Kindeswohlgefährdung

In diesem Kapitel erfahren Sie, ob Sie Informationen, die Eltern Ihnen vertraulich erzählen, an das Kita-Team, die Kita-Leitung oder das Jugendamt weitergeben dürfen. Es soll geklärt werden, mit wem Sie über das Kind sprechen dürfen und wie Sie verhindern können, dass Mitarbeitende und Ehrenamtliche Informationen über Kinder der Kita an Dritte weitergeben.

5.1 Dürfen pädagogische Fachkräfte Informationen, die Eltern ihnen anvertrauen, an ihr Team oder die Kita-Leitung weitergeben?

FALLBEISPIEL

Eine Mutter vertraut der Erzieherin an, dass ihr Mann ihr Kind schlägt. Sie bittet die Erzieherin, mit niemandem darüber zu reden.

Die Erzieherin fragt sich, ob sie die Informationen einfach für sich behalten darf.

Pädagogische Fachkräfte haben einen Schutzauftrag nach § 8a SGB VIII. Sie sind verpflichtet, tätig zu werden, wenn sie Kenntnis über Anhaltspunkte einer Kindeswohlgefährdung haben (vgl. Abschnitt 2.1). Deshalb sollte die Erzieherin der Mutter sagen, dass sie zum Schutz des Kindes verpflichtet ist, der Kita-Leitung diese Informationen weiterzugeben, damit gemeinsam überlegt werden kann, wie man zum Schutz des Kindes weiter vorgehen kann.

Bei den Informationen, die die Erzieherin im vertraulichen Gespräch mit der Mutter erhalten hat, handelt es sich zwar um personenbezogene Daten, die dem Datenschutz unterliegen (vgl. Art. 4 DSGVO). Das Auswerten und die Weitergabe dieser Daten an die Kita-Leitung und das Kita-Team sind dennoch auch ohne Einwilligung des Betroffenen zulässig, soweit dies zur Erfüllung des Schutzauftrags nach § 8a SGB VIII erforderlich ist (vgl. Art. 6 DSGVO, § 62 Abs. 3, Nr. 2 lit. d SGB VIII).

MERKSATZ

Falls eine Gefährdung für das Kind nicht anders abgewendet werden kann, ist die Kita verpflichtet, das Jugendamt auch gegen den Willen der Eltern zu informieren und alle erforderlichen Daten weiterzuleiten (vgl. § 8a SGB VIII, § 4 KKG i. V. m. § 65 Abs. 1, Nr. 5 SGB VIII).

FAZIT

Die Erzieherin ist verpflichtet, diese Informationen an die Kita-Leitung weiterzugeben. Sie ist auch befugt, diesen Fall im Team zu besprechen und gegebenenfalls die Informationen an das Jugendamt weiterzugeben.

5.2 Dürfen pädagogische Fachkräfte auf Anfrage einer Rechtsanwaltskanzlei Auskunft über ein Kind erteilen?

FALLBEISPIEL

Ein Rechtsanwalt ruft in der Kita an und möchte Auskunft über das Kind seines Mandanten. Er möchte gerne wissen, ob das Kind, seitdem der Vater ausgezogen ist, von der Mutter ordnungsgemäß versorgt wird, und ob den pädagogischen Fachkräften aufgefallen sei, dass die Mutter ein Alkoholproblem habe und das Kind vernachlässige.

Darf die Kita Auskunft erteilen?

Die Rechtsvertretung eines Elternteils ist nur dann berechtigt, Auskunft über das Kind einzuholen, wenn die Mandantin oder der Mandant das Sorgerecht innehat. Pädagogische Fachkräfte sind verpflichtet, dem sorgeberechtigten Elternteil und dessen Rechtsvertretung Auskünfte über das Kind, dessen Verhalten und Entwicklung zu erteilen.

Steht beiden Eltern das Sorgerecht zu, haben beide Elternteile unabhängig voneinander und ohne Zustimmung des anderen Elternteils das Recht, von der Kita Auskunft über die Entwicklung des Kindes zu erhalten. Die pädagogischen Fachkräfte müssen deshalb dem sorgeberechtigten Elternteil und dessen Rechtsvertretung auch dann Auskunft erteilen, wenn der andere sorgeberechtigte Elternteil sie bittet, dies zu unterlassen.

Auskünfte über die Mutter und das Verhalten der Mutter sollten aus datenschutzrechtlichen Gründen grundsätzlich nicht weitergegeben werden. Etwas anderes gilt nur, wenn das Jugendamt oder das Familiengericht bei der Kita anfragt oder wenn der Vater ausnahmsweise ein sogenanntes überwiegendes berechtigtes Interesse an der Auskunft hat (vgl. Art. 6 Abs. 1 lit. f DSGVO). Ob ein überwiegendes berechtigtes Interesse des Vaters vorliegt, muss im Einzelfall entschieden werden. Diese Entscheidung sollte der Träger treffen.

MERKSATZ

Mündliche bzw. telefonische Anfragen sollten nicht sofort beantwortet werden. Vor der Erteilung von Auskünften sollte um ein schriftliches Auskunftsersuchen mit einer Vollmachtserklärung der Anwältin oder des Anwalts gebeten werden, damit die Identität und die Bevollmächtigung dieser Person festgestellt werden können.

FAZIT

Sie sollten am Telefon keine Auskünfte geben, sondern die Anwältin oder den Anwalt bitten, ein schriftliches Auskunftsersuchen mit der Bevollmächtigung und einem Sorgerechtsnachweis der Mandantin oder des Mandanten zu stellen. Wenn der Vater sorgeberechtigt ist, sind Sie verpflichtet, der Rechtsvertretung des Vaters Auskunft über die Entwicklung seines Kindes zu geben. Sie sollten aber ohne Rücksprache mit dem Träger keinerlei Auskünfte über die Mutter und das Verhalten der Mutter gegenüber dem Kind geben.

5.3 Dürfen pädagogische Fachkräfte nahen Familienangehörigen Auskunft über ein Kind geben?

FALLBEISPIEL

Die Oma des fünfjährigen Patrik bittet einen Erzieher um ein Gespräch. Sie hat den Eindruck, dass der neue Lebensgefährte ihrer Tochter Patrik sexuell belästigt. Sie möchte wissen, wie sich Patrik in der Kita verhält und ob den Erzieherinnen und Erziehern auch bereits Verhaltensänderungen bei Patrik aufgefallen sind.

Darf der Erzieher Patriks Oma die erbetene Auskunft geben?

Pädagogische Fachkräfte dürfen nur den sorgeberechtigten Elternteilen Auskünfte über Verhalten und Entwicklung des Kindes geben. Aus Gründen des Datenschutzes darf nahen Verwandten des Kindes oder nichtsorgeberechtigten Elternteilen keine Auskunft über das Kind erteilt werden. Gespräche über das Kind dürfen nur dann mit Verwandten oder einem nichtsorgeberechtigten Elternteil geführt werden, wenn zuvor das Einverständnis des sorgeberechtigten Elternteils eingeholt wurde.

Auch wenn sich der Erzieher im Fallbeispiel nicht mit Patriks Oma austauschen darf, ist es wichtig, dass er die Informationen, die er von der Großmutter erhält, ernst nimmt und mit der Kita-Leitung bespricht. Auffälligkeiten und weitere Anhaltspunkte eines möglichen Missbrauchs müssen dokumentiert, gegebenenfalls mit einer „insoweit erfahrenen Fachkraft" besprochen und möglicherweise ans Jugendamt weitergegeben werden. Der Erzieher sollte Patriks Oma darauf aufmerksam machen, dass sie ihre Beobachtungen direkt dem Jugendamt melden kann. Dies kann auch anonym erfolgen.

FAZIT

Im Fallbeispiel darf der Erzieher der Großmutter keine Auskunft über Patrik und sein Verhalten in der Kita geben. Der Verdacht der Großmutter sollte jedoch schriftlich festgehalten und Patrik von den Erzieherinnen und Erziehern der Kita im Blick behalten werden. Zeigt Patrik in der Kita Verhaltensauffälligkeiten oder fallen Anhaltspunkte eines Missbrauchs auf, sollte dies dokumentiert, mit einer „insoweit erfahrenen Fachkraft" besprochen und gegebenenfalls dem Jugendamt gemeldet werden.

Die Großmutter kann ihre Beobachtungen auch direkt anonym dem Jugendamt melden. Das Jugendamt ist dann verpflichtet, Anhaltspunkten einer möglichen Kindeswohlgefährdung weiter nachzugehen.

5.4 Wie lässt sich verhindern, dass ehrenamtliche oder angestellte Mitarbeitende der Kita sowie Mitarbeitende im Praktikum Informationen über ein Kita-Kind an Dritte weitergeben?

FALLBEISPIEL

Frau Müller kommt wöchentlich in die Kita, um den Kindern Märchen vorzulesen. Die Eltern der kleinen Emilia beschweren sich, Frau Müller würde in der Nachbarschaft herumerzählen, dass Emilia in der Kita ein freches und vorlautes Kind sei.

Wie würden Sie mit dieser Situation umgehen?

Praktikantinnen oder Praktikanten und ehrenamtlich Mitarbeitende sollten zu Beginn ihrer Tätigkeit darauf hingewiesen werden, dass sie nach dem Datenschutzrecht verpflichtet sind, sämtliche personenbezogenen Daten, von denen sie im Rahmen ihrer Tätigkeit Kenntnis erlangen, vertraulich zu behandeln. Geschützt sind alle Informationen, die sich auf eine identifizierte oder identifizierbare natürliche Person beziehen (vgl. Art. 4 DSGVO).

Demnach darf mit Dritten nicht über das Verhalten, das Aussehen, persönliche Angelegenheiten oder sonstige personenbezogene Daten der Kinder, deren Familie oder der Mitarbeitenden der Einrichtung geredet werden, es sei denn, es wird kein Name genannt und es ist auch mit Zusatzwissen nicht möglich, die Informationen der Person zuzuordnen.

Praktikantinnen oder Praktikanten und Ehrenamtliche sollten deshalb eine Verschwiegenheitserklärung unterschreiben. Pädagogische Fachkräfte sind bereits aufgrund ihres Arbeitsvertrages verpflichtet, über alle Informationen und Daten, die sie im Zusammenhang mit ihrer beruflichen Tätigkeit erfahren haben, Stillschweigen zu wahren. Die Verschwiegenheitspflicht ergibt sich als Nebenpflicht aus dem Arbeitsvertrag und findet sich ausdrücklich im Tarifvertrag für den Öffentlichen Dienst (TVöD).

FAZIT

Frau Müller muss über die datenschutzrechtlichen Bestimmungen informiert werden und eine Schweigepflichtserklärung unterschreiben.

Muster Verschwiegenheitsverpflichtung/ Schweigepflichtserklärung für Praktikantinnen/ Praktikanten und ehrenamtlich Mitarbeitende sowie die Elternvertretung:

Kita ....

Kontaktdaten des Trägers

Schweigepflichtserklärung

* der ehrenamtlichen Helferin/des ehrenamtlichen Helfers
* des Elternvertreters/der Elternvertreterin
* der Praktikantin/des Praktikanten

____

Name, Vorname, Geburtsdatum

* Mir ist bekannt, dass über alle personenbezogenen Daten, die mir aufgrund meiner ehrenamtlichen Mitarbeit/meines Praktikums in der Einrichtung bekannt werden, und alle vertraulichen Informationen, die die Einrichtung betreffen, Stillschweigen zu bewahren ist. Insbesondere über alle Informationen, die Kinder, deren Familien oder Mitarbeitende der Einrichtung betreffen, werde ich strikte Verschwiegenheit wahren.
* Ich bin darauf hingewiesen worden, dass die Verletzung der Schweigepflicht mit einer Geldbuße geahndet werden kann und Schadensersatzforderungen nach sich ziehen kann.
* Die Verpflichtung zur Verschwiegenheit gilt auch über die Beendigung der ehrenamtlichen Tätigkeit/des Praktikums hinaus.

____

Ort, Datum Unterschrift

EIGENE NOTIZEN

6 Machtmissbrauch, Gewalt oder sexuelle Übergriffe durch Mitarbeitende in der Kita

In diesem Kapitel geht es um mögliches oder tatsächliches Fehlverhalten von Mitarbeitenden in der Kita: Was ist zu tun, wenn der Erziehungsstil einer pädagogischen Fachkraft von Willkür oder entwürdigendem Verhalten geprägt ist? Welche Maßnahmen sind notwendig, wenn der Verdacht sexueller Übergriffe gegenüber einem Kind besteht? Es wird außerdem darauf eingegangen, auf welche Weise eine zu Unrecht beschuldigte pädagogische Fachkraft rehabilitiert werden kann.

6.1 Machtmissbrauch und entwürdigende Erziehungsmethoden durch pädagogische Fachkräfte – was können Teammitglieder oder Eltern dagegen tun?

FALLBEISPIEL

Frau Müller ist Erzieherin in der Kita Rabennest. Sie hat ihre eigenen Erziehungsmethoden: Wer beim Mittagessen nicht aufisst, muss so lange am Tisch sitzen bleiben, bis der Teller leer gegessen ist. Zum Schlafen packt sie die Kinder in einen Schlafsack und dann ins Gitterbett, damit sie nicht ständig den Schlafraum verlassen. Als Marvin in die Hose macht, wird er im Beisein mehrerer Kinder kalt abgeduscht, damit er sich merkt, künftig auf die Toilette zu gehen.

Welche Möglichkeiten haben Eltern oder pädagogische Fachkräfte der Kita, denen das Verhalten von Frau Müller auffällt?

Eltern

Eltern sollten zunächst das Gespräch mit der betreffenden Erzieherin oder der Gruppenleitung suchen. Wenn das Gespräch ergebnislos bleibt, sollten sie mit der Kita-Leitung sprechen. Falls diese die Beschwerde der Eltern nicht ernst nimmt, kein Verständnis für die Beschwerde hat oder möglicherweise das Verhalten der Kita-Leitung Gegenstand der Beschwerde ist, sollten sich Eltern direkt an den Träger der Kita wenden. Sollte auch dieser Schritt ergebnislos bleiben, können sie sich an das Jugendamt und gegebenenfalls an die Aufsichtsbehörde wenden. Welche Behörde für die Aufsicht über die Kita zuständig ist, wird durch das Landesrecht bestimmt.

MERKSATZ

Die Jugendämter und die jeweilige Aufsichtsbehörde sind verpflichtet, Hinweisen auf Mängel in einer Einrichtung nachzugehen und zum Schutz der Kinder tätig zu werden.

Pädagogische Fachkräfte/Kolleginnen und Kollegen

Wie sollten sich Erzieherinnen und Erzieher verhalten, wenn ihnen Verhaltensweisen von Teammitgliedern auffallen, die gegen die eigenen pädagogischen Überzeugungen, die Konzeption der Kita, gesetzliche Vorschriften oder pädagogische Standards der Bildungs- und Erziehungspläne verstoßen?

Zunächst sollten sie das offene, kollegiale Gespräch suchen. Eine aufrichtige Feedback-Kultur und Austauschmöglichkeiten im Kita-Team sind wesentliche Bausteine des Kinderschutzes. Es könnte in einer Teamsitzung angeregt werden, gemeinsam einen Verhaltenskodex für pädagogische Schlüsselsituationen wie beispielsweise Essen, Schlafen und Körperpflege zu entwickeln (vgl. Verhaltensampel, Anhang, S. 107–109). Wenn Gespräche über problematische Erziehungsmethoden zwecklos sind oder fruchtlos bleiben, weil die jeweiligen pädagogischen Überzeugungen zu weit auseinanderliegen, dürfen pädagogische Fachkräfte problematisches Verhalten ihrer Kolleginnen und Kollegen im Umgang mit Kindern nicht einfach dulden. Erzieherinnen und Erzieher sind aufgrund ihres Schutzauftrags verpflichtet, die körperliche und seelische Unversehrtheit der Kinder sicherzustellen und für ein sicheres Umfeld zu sorgen. Zwang, körperliche Übergriffe, herabwürdigende Erziehungsmethoden oder Erziehungsverhalten, das geeignet ist, das Wohl der Kinder zu gefährden, dürfen sie nicht hinnehmen. Sie müssen zum Schutz der Kinder tätig werden, auch wenn es schwerfällt und belastend ist, gegen Mitglieder aus dem eigenen Team vorzugehen.

MERKSATZ

Zunächst empfiehlt es sich, regelmäßig zu notieren, wann welches Verhalten der Kolleginnen oder Kollegen aufgefallen ist. Diese sachliche Dokumentation der Vorfälle kann helfen, persönliche Eindrücke zu objektivieren und später die Beobachtungen genau zu schildern, ohne Ereignisse versehentlich wegzulassen oder hinzuzufügen.

Wenn eine Kollegin ihre Macht den Kindern gegenüber missbraucht und gegen pädagogische Standards oder gesetzliche Vorschriften verstößt, wie im Fallbeispiel, müssen die Erzieherinnen und Erzieher das Verhalten der Kollegin, das sie beobachtet haben, der Kita-Leitung melden. Diese sollte die Vorfälle mit dem Träger besprechen und in Absprache mit dem Träger und gegebenenfalls nach Beratung mit einer „insoweit erfahrenen Fachkraft“ ein Gespräch mit der Erzieherin führen.

Es muss dann je nach den Umständen des Einzelfalls entschieden werden, ob dieses Gespräch ausreicht oder ob eine Abmahnung, gegebenenfalls eine fristlose Kündigung oder andere arbeitsrechtliche Konsequenzen folgen sollten. In schwerwiegenden Fällen sollte eine Anzeige bei der Strafverfolgungsbehörde in Erwägung gezogen werden(vgl. auch die Leitlinien zur Einschaltung der Strafverfolgungsbehörden, in: https://add.rlp.de/fileadmin/add/Abteilung_3/Kinderschutz/Leitlinien_zur_Einschaltung_der_Strafverfolgungsbehoerden.pdf [09.08.2023].

MERKSATZ

Die Kita-Leitung muss sicherstellen, dass ein Verhalten der Erzieherinnen und Erzieher, das gegen die Konzeption der Kita, gegen das Gewaltverbot (§ 1631 Abs. 2 BGB), gegen sonstige Vorschriften oder allgemeine pädagogische Standards verstößt, unterbunden wird.

Kinder zum Aufessen oder zum Schlafen zu zwingen, sie beim Schlafen zu fixieren, zur Strafe kalt abzuduschen und so vor anderen Kindern bloßzustellen, verstößt nicht nur gegen allgemeine pädagogische Standards, sondern auch gegen gesetzliche Vorschriften (vgl. § 1631 Abs. 2 BGB, §§ 239, 240 StGB).

MERKSATZ

Der Träger ist verpflichtet, alle Ereignisse, die geeignet sind, das Wohl der Kinder zu beeinträchtigen, dem überörtlichen Träger zu melden (vgl. §§ 47, 87a Abs. 2 SGB VIII).

Abschließend sollten im Team das pädagogische Verhalten in der Kita und die verschiedenen Formen von Gewalt und Grenzverletzung diskutiert und reflektiert werden. Es kann sinnvoll sein, gemeinsam Leitlinien und einen Verhaltenskodex für einen fachlichen und respektvollen Umgang mit den Kindern und den Sorgeberechtigten zu erarbeiten. Ein Beispiel für eine sogenannte Verhaltensampel in Kitas finden Sie im Anhang B. Diese kann als Diskussionsgrundlage für eine fachliche Auseinandersetzung im Team verwendet werden. Gemeinsam sollte im Team auch besprochen werden, ob und wie das Gespräch mit den Eltern gesucht wird und ob ein Elternabend zum Thema sinnvoll ist.

Kita-Leitung wird nicht tätig

Besonders schwierig ist die Situation für pädagogische Fachkräfte, wenn die Kita-Leitung das Verhalten der Kollegin oder des Kollegen deckt, nicht tätig wird oder im Umgang mit den Kindern selbst unangemessene Verhaltensweisen zeigt. Pädagogische Fachkräfte sollten den Mut finden, sich an den Träger der Kita zu wenden, auch wenn dadurch die weitere Zusammenarbeit in der Kita künftig belastet oder möglicherweise unmöglich wird.

FAZIT

Zunächst sollten die Kolleginnen und Kollegen das Gespräch mit Frau Müller suchen. Es sollte in einer Teamsitzung die gemeinsame Erarbeitung eines Verhaltenskodexes für Schlüsselsituationen, wie Essen, Schlafen und Körperpflege, angeregt werden. Sollten Gespräche und der kollegiale Austausch nicht zielführend sein, dürfen die Kolleginnen und Kollegen das Verhalten von Frau Müller jedoch nicht einfach hinnehmen. Sie sollten das beobachtete Verhalten jeweils notieren und die Kita-Leitung über die Beobachtungen informieren. Es ist wichtig, Wahrnehmungen, Ereignisse und Handlungen der Kollegin möglichst sofort zu notieren. Diese Dokumentation kann formlos mit Datum und Kürzel erfolgen. Die Kita-Leitung muss den Träger der Kita über die Vorfälle informieren und sicherstellen, dass Kinder künftig nicht mehr zum Schlafen oder Essen gezwungen oder wegen Einnässens bloßgestellt und bestraft werden. Es muss je nach den Umständen des Einzelfalles vom Träger und der Kita-Leitung entschieden werden, welche Maßnahmen ergriffen werden, um den Schutz der Kinder und ein pädagogisches Umfeld sicherzustellen. Eine Entschuldigung gegenüber den betroffenen Kindern sollte nicht vergessen werden.

Der Träger ist des Weiteren verpflichtet, die Ereignisse der zuständigen Aufsichtsbehörde (Landesjugendamt) zu melden (§ 47 SGB VIII).

Eltern, die das Verhalten der Erzieherin beobachten, sollten sich, wenn Gespräche mit der Erzieherin erfolglos bleiben, zunächst an die Kita-Leitung und gegebenenfalls an den Träger wenden. Sofern weder Leitung noch Träger die Beschwerde ernst nehmen, sollte der Fall dem Jugendamt bzw. der zuständigen Aufsichtsbehörde gemeldet werden.

HANDLUNGSLEITFADEN* BEI FEHLVERHALTEN DURCH FACHKRÄFTE IN DER KITA**

Fehlverhalten einer Fachkraft
Machtmissbrauch, Zwang, körperliche Gewalt, Beschämen, unangemessene Sprache etc.

↓

Feedback
Offenes, kollegiales Gespräch mit der Fachkraft

Kollegiales Gespräch ist fruchtlos und das Fehlverhalten wird wiederholt

↓

Meldung an die Kita-Leitung

Aufgaben der Kita-Leitung:
- Sofortmaßnahmen zum Schutz der Kinder
- Dokumentation der Vorfälle
- Träger informieren

Kita-Leitung bleibt untätig
→ Meldung an den Träger

Aufgaben des Trägers in Zusammenarbeit mit der Kita-Leitung
→ Schutz betroffener Kinder sicherstellen
→ Gefährdungseinschätzung mit Fachberatung oder der „insoweit erfahren Fachkraft“
→ Gespräch mit der beschuldigten Fachkraft:
- Angebot von Fortbildungen, Fachberatung und Supervision
- gegebenenfalls arbeitsrechtliche Konsequenzen (Abmahnung, Kündigung, Beurlaubung)

→ Gespräch mit den Eltern, gegebenenfalls Elternabend (Achtung: Datenschutz und Opferschutz!)
→ Kita-Team:
- Reflexion
- Überarbeitung des Gewaltschutzkonzepts (siehe Kapitel 8), Verhaltenskodex erstellen für pädagogische Schlüsselsituationen (Essen, Schlafen, Körperpflege)

→ Meldung an Aufsichtsbehörde (§ 47 SGB VIII)
→ gegebenenfalls Strafanzeige

* Jeder Handlungsleitfaden ist ein Vorschlag, der individuell angepasst werden muss.
** Schnurr 2023b, S. 2 (verändert).

6.2 Verdacht sexueller Übergriffe durch Mitarbeitende in der Kita – und dann?

FALLBEISPIEL

Jonas' Mutter erzählt der Erzieherin, dass Jonas nicht mehr gerne in die Kita geht, weil der Praktikant dort so komische Sachen mit ihm machen würde. Jonas soll ständig auf seinem Schoß sitzen, obwohl er das nicht möchte, und beim Toilettengang würde er Jonas' „Schniedel" halten wollen, damit nichts danebengeht. Jonas sei das peinlich, deshalb bittet die Mutter, die Geschehnisse vertraulich zu behandeln.

Wie sollte die Erzieherin mit dieser Information umgehen?

Die Erzieherin sollte der Mutter erklären, dass sie zum Schutz aller Kinder verpflichtet ist, die Informationen an die Kita-Leitung weiterzugeben. Nachdem die Erzieherin die wesentlichen Inhalte des Gesprächs schriftlich notiert hat und die Informationen an die Kita-Leitung weitergegeben hat, wird die Kita-Leitung den Träger unverzüglich über den Verdacht unterrichten. Gemeinsam mit dem Träger sollte dann überlegt werden, wie die Situation einzuschätzen ist und welche weiteren Schritte veranlasst werden sollten.

Auch wenn nur ein Verdacht eines möglichen sexuellen Übergriffs besteht, ist es wichtig, die Kinder zu schützen. Welche Maßnahmen konkret ergriffen werden müssen und ob, wie im Fallbeispiel, der Mitarbeiter wegen des Verdachts sicherheitshalber vom Dienst freizustellen ist, muss je nach den Umständen des Einzelfalls entschieden werden. Im Fallbeispiel sollte dafür Sorge getragen werden, dass der Praktikant Kinder einer anderen Gruppe betreut und keinesfalls mit Kindern allein gelassen wird oder Kinder zur Toilette begleitet.

MERKSATZ

Zur Einschätzung der Situation und Vorbereitung der weiteren Schritte sollte eine „insoweit erfahrene Fachkraft" hinzugezogen werden (vgl. §§ 8a, 8b SGB VIII). Gegebenenfalls sollte zusätzlich der fachliche Rat einer weiteren auf sexuellen Missbrauch spezialisierten Fachkraft oder einer einschlägigen Beratungsstelle in Anspruch genommen werden.

Gemeinsam sollte dann das Gefährdungsrisiko abgeschätzt und das weitere Vorgehen, der Umgang mit dem Kind, den Eltern, der beschuldigten Person und dem Team besprochen werden. Aus Gründen des Datenschutzes muss die Beratung anonymisiert erfolgen.

Verdacht bleibt bestehen

Erhärten sich nach dem Gespräch mit der beschuldigten Person die Hinweise auf sexuellen Missbrauch, sollte in Absprache mit den Eltern erwogen werden, die Informationen über den Verdachtsfall an die Strafverfolgungsbehörde weiterzugegeben und Anzeige zu erstatten.

➡ **Vertiefungshinweis**
Informationen, wann und wie die Polizei oder die Staatsanwaltschaft eingeschaltet werden muss, finden Sie in den „Leitlinien zur Einschaltung der Strafverfolgungsbehörden" (vgl. https://add.rlp.de/fileadmin/add/Abteilung_3/Kinderschutz/Leitlinien_zur_Einschaltung_der_Strafverfolgungsbehoerden.pdf [09.08.2023]).

Das Jugendamt und die zuständige Aufsichtsbehörde der Kita müssen über den Verdacht einer möglichen Kindeswohlgefährdung informiert werden (vgl. §§ 47, 87a SGB VIII).

Den betroffenen Kindern, Eltern und sonstigen Betroffenen sollte Hilfe angeboten werden; sie sollten an geeignete Beratungsstellen vermittelt werden. Eltern und Kinder sollten die Gewissheit erhalten, dass in der Kita alles zum Schutz der Kinder und zur Aufklärung des Sachverhalts unternommen wurde. Die Eltern sollten über die geplanten Schritte informiert werden. Es darf nicht der Eindruck entstehen, dass etwas verschleiert, beschönigt oder vertuscht werden soll.

MERKSATZ

Dem Träger obliegt als Arbeitgeber auch eine Fürsorgepflicht den beschuldigten Mitarbeitenden gegenüber. Die Mitarbeiterin oder der Mitarbeiter, die oder der unter Verdacht steht, sollte unterstützt werden, geeignete Beratung in Anspruch zu nehmen.

Wenn die Vermutung besteht, dass weitere Kinder von den Übergriffen betroffen waren, müssen grundsätzlich alle Eltern der Kita über die Vorfälle informiert werden. Möglich wäre ein Elternabend zum

Thema. Dieser sollte jedoch sorgfältig in Absprache mit der „insoweit erfahrenen Fachkraft" geplant werden.

Der Verdacht eines sexuellen Missbrauchs in einer Kita stellt für das gesamte Team eine Belastung dar. Die Vorfälle sollten im Team gegebenenfalls mit Unterstützung einer externen Beratung gemeinsam reflektiert und aufgearbeitet werden.

Verdacht bestätigt sich nicht

Werden Vorwürfe entkräftet und besteht der Verdacht nicht weiter fort, muss zum Schutz der verdächtigten Person ein Rehabilitationsverfahren eingeleitet werden. Das Rehabilitationsverfahren soll das Ansehen der fälschlicherweise beschuldigten Mitarbeiterin oder des fälschlicherweise beschuldigten Mitarbeiters gegenüber Eltern, Öffentlichkeit und Team wiederherstellen. Ein Rehabilitationsverfahren so zu betreiben, dass die beschuldigte Mitarbeiterin oder der beschuldigte Mitarbeiter vollständig entlastet wird und nichts hängen bleibt, ist nicht einfach und bedarf meist externer fachlicher Begleitung.

FAZIT

Die Erzieherin ist verpflichtet, die Kita-Leitung unverzüglich von den Ereignissen zu unterrichten. Die Verantwortung für das weitere Vorgehen obliegt dann der Kita-Leitung und dem Träger der Kita. Alle Informationen, Gespräche und Handlungsschritte sind mit Datum zu protokollieren.

➡ **Vertiefungshinweis:**
Deutscher Paritätischer Wohlfahrtsverband – Gesamtverband e. V. (Hrsg.): Arbeitshilfe Kinder- und Jugendschutz in Einrichtungen, Berlin 2016, 2. Auflage, in: www.der-paritaetische.de/fileadmin/user_upload/Publikationen/doc/kinder-und-jugendschutz-in-einrichtungen-2016_web.pdf [09.08.2023].

Bilderbücher zum Thema

* Pro Familia: **Mein Körper gehört mir!** Schutz vor Missbrauch für Kinder ab 5, 8. Auflage, Loewe Verlag, Bindlach 2021.
* Braun, Gisela; Wolters, Dorothee: **Das große und das kleine NEIN**, Verlag an der Ruhr, Mülheim 1997.
* Apenrade, Susa: **Ich bin stark, ich sag laut Nein!**: So werden Kinder selbstbewusst, Arena Verlag, Würzburg 2008.
* Wabbes, Marie: **Ich dachte, du bist mein Freund**, 8. Auflage, Brunnen Verlag, Gießen 2008.

HANDLUNGSLEITFADEN* BEI VERDACHT SEXUELLER ÜBERGRIFFE DURCH MITARBEITENDE DER KITA

Vorwurf sexueller Übergriffe durch angestellte, im Praktikum oder ehrenamtlich Mitarbeitende, geäußert von Kind, Eltern oder Mitarbeitenden der Kita

↓

Kita-Leitung informieren

↓

Träger informieren

↓

⇒ Aufgaben des Trägers in Zusammenarbeit mit der Kita-Leitung:

- gemeinsame Einschätzung der Situation und Beratung der nächsten Schritte
- Schutz der Kinder, gegebenenfalls Beurlaubung der/des Mitarbeitenden

↓

Beratung durch externe Fachkraft:

- „insoweit erfahrene Fachkraft" (§ 8 b SGB VIII) und gegebenenfalls
- Fachkraft einer einschlägigen Beratungsstelle

↓

Gespräch mit der beschuldigten Person

Vorwürfe bestätigen sich

Vorwürfe bestätigen sich nicht → Rehabilitationsverfahren: Wiederherstellung des Ansehens der fälschlicherweise beschuldigten Person gegenüber Eltern, Öffentlichkeit und Team

Wenn sich die Vorwürfe bestätigen:

- → Arbeitsrechtliche Konsequenzen, gegebenenfalls sofortige Freistellung, Kündigung, Abmahnung etc.
- → Gespräch mit den Eltern der betroffenen Kinder: Information und Vermittlung einer fachlichen Begleitung und Beratung
- → Infos an alle Eltern bei Anhaltspunkten, dass weitere Kinder betroffen waren
- → Gegebenenfalls Anzeige bei der Strafverfolgungsbehörde
- → Meldung an die Aufsichtsbehörde (vgl. §§ 47 SGB VIII) und gegebenenfalls Strafanzeige
- → Aufarbeitung im Kita-Team und Überarbeitung des Gewaltschutzkonzepts (siehe Kapitel 8)

*Jeder Handlungsleitfaden ist ein Vorschlag, der individuell angepasst werden muss.

EIGENE NOTIZEN

7 Doktorspiele, sexuelle Handlungen und Übergriffe durch Kinder – welche Aufgaben hat die Kita?

Was unterscheidet sexuell übergriffiges Handeln von normalen kindlichen Verhaltensweisen im Zuge der sexuellen Entwicklung? Was müssen Erzieherinnen und Erzieher, die Kita-Leitung und der Träger der Einrichtung tun, wenn sie von sexuellen Übergriffen durch Kinder Kenntnis erlangen? Dieses Kapitel beschreibt die notwendigen Verfahrensschritte in solchen Fällen, erläutert Besonderheiten, die im Gespräch mit übergriffigen und betroffenen Kindern sowie mit den Eltern zu beachten sind, und zeigt mögliche präventive Maßnahmen auf.

FALLBEISPIEL

Julia erzählt ihrer Erzieherin, dass Max und Lucas immer dann, wenn kein Erwachsener dabei ist, in der Turnhalle kleinere Mädchen festhalten, ihnen die Hosen runterziehen und sie untenrum anfassen würden. Im Spielhäuschen würden sie auch mit den kleineren Kindern Sachen machen, die peinlich sind und nur Erwachsene machen dürfen. Max und Lucas sagen, dass keiner petzen dürfe. Wer petzt, sei das nächste Opfer.

Wie sollen pädagogische Fachkräfte mit sexuellen Handlungen von Kindern in der Kita umgehen?

Wenn Ihnen Kinder von sexuellen Übergriffen erzählen, ist das ein großer Vertrauensbeweis. Loben Sie das Kind dafür, dass es den Mut gefunden hat, zu Ihnen zu kommen. Bestärken Sie das Kind darin, dass man nur gute Geheimnisse, nicht aber schlechte Geheimnisse für sich behalten sollte und dass ein Unterschied zwischen Petzen und Hilfe holen besteht. Sie müssen dem Kind aber auch erklären, dass Sie das Geheimnis leider nicht für sich behalten dürfen, sondern dass es wichtig ist, der Kita-Leitung davon zu erzählen, damit man gemeinsam alle Kinder in der Kita schützen kann. Nachdem die Kita-Leitung informiert wurde, sollte im Kita-Team über die Vorfälle gesprochen werden.

Teambesprechung

Im Team sollten sämtliche Beobachtungen ausgetauscht und eine **Gefährdungseinschätzung** vorgenommen werden. Das heißt, es sollte gemeinsam die Situation eingeschätzt und geklärt werden, ob es sich um normale sexuelle Handlungen kleiner Kinder oder um einen sexuellen Übergriff handelt.

DEFINITION

Gegenseitiges Erkunden der Körper und Doktorspiele gehören zu einer normalen sexuellen Entwicklung. Von sexuellen Übergriffen spricht man dann, wenn ein Verhalten durch Macht und Unfreiwilligkeit gekennzeichnet ist.

Wenn ältere Kinder sexuelle Handlungen an jüngeren oder unterlegenen Kindern vornehmen, wenn Drohungen, Zwang oder Gewalt eingesetzt werden oder wenn Kinder erwachsene Sexualität bzw. vaginalen, analen oder oralen Geschlechtsverkehr praktizieren, handelt es sich immer um einen sexuellen Übergriff, der den beteiligten Kindern schadet und unterbunden werden muss.[1]

Bei den Verhaltensweisen der beiden Jungen im Fallbeispiel handelt es sich um sexuelle Übergriffe. Die Kita ist aufgrund ihres Schutzauftrages verpflichtet, tätig zu werden. Es sollte im Team zunächst besprochen werden, welche vorläufigen organisatorischen Sofortmaßnahmen zum Schutz der Kinder ergriffen werden. Im Fallbeispiel sollte vereinbart werden, dass Kinder zunächst nicht mehr unbeaufsichtigt in der Turnhalle oder im Spielhäuschen spielen. Max und Lucas sollten besonders im Blick behalten werden.

MERKSATZ

Die Teamsitzung und die folgenden Gespräche sollten protokolliert werden. Alle Aussagen der Kinder, Beobachtungen der Mitarbeitenden und das vereinbarte Vorgehen sollten schriftlich festgehalten werden.

Träger informieren

Handelt es sich beim Verhalten der Kinder nicht nur um normale Ausdrucksformen kindlicher Sexualität, sondern um sexuelle Übergriffe, sollte die Leitung den Träger informieren. Der Träger sollte die Vorfälle der Aufsichtsbehörde melden (vgl. §§ 47, SGB VIII) und den Kontakt zu einer „insoweit erfahrenen Fachkraft“ herstellen (§§ 8a, 8b SGB VIII).

Externe Beratung

In Fällen sexueller Grenzverletzung durch Kinder sollten eine „insoweit erfahrene Fachkraft“ und gegebenenfalls auch eine Fachkraft einer einschlägigen Beratungsstelle hinzugezogen werden, die auf das Thema sexueller Grenzverletzung bei Kindern spezialisiert ist. Gemeinsam sollte man die Situation einschätzen und die weiteren Schritte planen. Aus Gründen des Datenschutzes muss der Vorfall anonymisiert mit der „insoweit erfahrenen Fachkraft“ beraten werden, Namen der Kinder dürfen nicht genannt werden.

---

1 *Vgl. Freund; Riedel-Breidenstein 2006, S. 19 ff.*

Die Gespräche mit den betroffenen und den verdächtigen Kindern und deren Eltern sollten gut vorbereitet werden.

Gespräch mit den beteiligten Kindern

Keinesfalls sollte ein Gespräch gemeinsam mit dem betroffenen und dem übergriffigen Kind geführt werden, bei dem die Kinder ihre Sicht der Dinge schildern dürfen. In solchen gemeinsamen Klärungsgesprächen kann eine für das betroffene Kind sehr belastende Situation entstehen, wenn das übergriffige Kind, das meist überlegen ist, den Sachverhalt zu seinen Gunsten verdreht und die Glaubwürdigkeit des betroffenen Kindes angezweifelt wird. Es besteht die Gefahr, dass sich bei dem betroffenen Kind das quälende Gefühl der Ohnmacht und Hilflosigkeit fortsetzt.[1]

Gespräch mit dem betroffenen Kind

Zunächst sollte mit dem betroffenen Kind gesprochen werden. Es bedarf eines hohen Maßes an Feinfühligkeit, das Gespräch mit dem Kind so zu führen, dass es bereit ist, sich zu öffnen. Nicht selten möchten betroffene Kinder über das Vorgefallene nicht reden, weil sie sich schämen und sich möglicherweise sogar schuldig fühlen. Wichtig ist es, dem Kind zu vermitteln, dass ihm keine Schuld gegeben wird, dass die pädagogische Fachkraft ihm beisteht und dass sie das übergriffige Kind in seine Schranken weisen wird. Wenn das betroffene Kind den Eindruck gewinnt, dass das übergriffige Kind nicht länger das mächtigere Kind ist, kann das helfen, das Erfahrene zu verarbeiten. Folgen sexueller Übergriffe sind umso geringer, je kürzer das Gefühl der Ohnmacht und Hilflosigkeit andauert und je schwächer es ist.[2]

---

1 *Vgl. Freund; Riedel-Breidenstein 2006, S. 36.*

2 *Vgl. ebd., S. 37.*

MERKSATZ

Die pädagogische Fachkraft sollte dem Kind unbedingt Glauben schenken und seine Aussagen nicht anzweifeln. Wenn Kinder im Vorschulalter von sexuellen Übergriffen berichten, die sie beobachtet oder erlebt haben, kann man davon ausgehen, dass diese auch tatsächlich stattgefunden haben. Bewusste Falschbeschuldigungen zu sexuellen Übergriffen kommen bei Vorschulkindern nur sehr selten vor, weil dieses Thema für sie mit zu viel Scham und Peinlichkeit besetzt ist.[1]

Gespräch mit dem übergriffigen Kind

Anschließend sollte das übergriffige Kind mit dem vorgeworfenen Verhalten konfrontiert werden. Bei übergriffigem Verhalten muss dem Kind eindeutig klar gemacht werden, dass derartige Grenzverletzungen nicht geduldet werden. Dem Kind sollte vermittelt werden, warum sein Verhalten nicht richtig ist. Auch das übergriffige Kind braucht Unterstützung und Hilfe, um mit Schamgefühlen umzugehen und sich mit dem Fehlverhalten auseinanderzusetzen.

Gespräch mit den Eltern

Die Eltern der betroffenen und der übergriffigen Kinder sollten so bald wie möglich erfahren, was vorgefallen ist, welche Maßnahmen in der Kita ergriffen werden sollen und wie der Schutz der Kinder vor weiteren Übergriffen sichergestellt wird. Bei Bedarf sollte eine fachliche Beratung vermittelt werden.

Sexuell übergriffiges Verhalten durch ein Kind kann aber auch ein Hinweis auf ein Missbrauchsgeschehen in der Familie des Kindes sein. Besteht der Verdacht auf eine solche Konstellation, sollte vom Elterngespräch zunächst abgesehen werden, um das Kind und die weitere Aufklärung nicht zu gefährden. Das weitere Vorgehen und die Weitergabe an das Jugendamt sollte dann mit der „insoweit erfahrenen Fachkraft" oder gegebenenfalls einer für diesen Bereich qualifizierten Fachkraft besprochen werden.

Elternabend

In Absprache mit der „insoweit erfahrenen Fachkraft" muss entschieden werden, ob ein Elternabend zum Thema geplant werden sollte.

1 *Vgl. Freund; Riedel-Breidenstein 2006, S. 36.*

Zum Schutz der betroffenen Kinder sollten deren Namen am Elternabend nicht genannt werden (Datenschutz).

Austausch und fachliche Auseinandersetzung im Team

Ein intensiver Austausch im Team zum Umgang mit kindlicher Sexualität in der Kita und sexuellen Grenzverletzungen, einschlägige Fortbildungen und das Erstellen eines sexualpädagogischen Konzepts unterstützen nicht nur eine gelungene Sexualerziehung in der Kita, sondern dienen zugleich dem Schutz der Kinder.

Präventive Gespräche, Angebote und Projekte

Kinder sollten in der Kita erfahren, dass niemand das Recht hat, ihre sexuelle Selbstbestimmung einzuschränken. Präventiv sollten den Kindern der Kita Gespräche, Projekte und Bilderbücher zum Thema angeboten werden. Es kann gemeinsam über der Unterschied zwischen guten und schlechten Geheimnissen und den Unterschied zwischen Petzen und Hilfe holen gesprochen werden. Für Doktorspiele in der Kita sollte klare Regeln vereinbart werden.

Regeln für Doktorspiele[1]

- Jedes Mädchen/Jeder Junge bestimmt selbst, ob und mit wem sie/er Doktor spielen möchte.
- Mädchen und Jungen streicheln und untersuchen einander nur so viel, wie es für sie selbst und andere Kinder schön ist.
- Kein Kind tut einem anderen Kind weh.
- Niemand steckt einem anderen etwas in eine Körperöffnung (Po, Scheide, Mund, Nase, Ohr).
- Größere Kinder, Jugendliche oder Erwachsene haben bei Doktorspielen nichts zu suchen.
- Hilfe holen ist kein Petzen!

Bilderbücher zum Thema:

- Enders, Ursula: **Wir können was, was ihr nicht könnt**: Ein Bilderbuch über Zärtlichkeit und Doktorspiele, verlag mebes & noack, Köln 2018.
- Apenrade, Susa: **Ich bin stark, ich sag laut Nein!** So werden Kinder selbstbewusst, Arena Verlag, Würzburg 2008.

---

1 *Vgl. Zartbitter e.V. 2009.*

FAZIT

Die Erzieherin im Fallbeispiel sollte die Kita-Leitung informieren. Die Kita-Leitung hat dann die Verantwortung, durch geeignete organisatorische Maßnahmen sicherzustellen, dass es zu keinen weiteren sexuellen Übergriffen kommt. Im Team sollte besprochen werden, dass Kinder zunächst nicht mehr unbeaufsichtigt in der Turnhalle oder im Spielhäuschen spielen. Max und Lucas sollten erst einmal besonders beaufsichtigt werden.

Die Kita-Leitung muss den Fall dem Träger melden. Das weitere Vorgehen sollte nun nach Möglichkeit in Absprache mit einer „insoweit erfahrenen Fachkraft" abgesprochen werden. Zunächst sollte mit den betroffenen Kindern und erst im Anschluss daran mit Max und Lucas gesprochen werden. Durch weitere Maßnahmen muss sichergestellt werden, dass sich die Vorfälle nicht wiederholen.

In einem Gespräch mit den Eltern der beteiligten Kinder sollte möglichst transparent geschildert werden, was vorgefallen ist und welche Vorkehrungen die Kita zum Schutz der Kinder getroffen hat. Gegebenenfalls sollte ein Elternabend zum Thema geplant werden.

➡ **Vertiefungshinweis:**

- Freund, Ulli; Riedel-Breidenstein, Dagmar: Kindliche Sexualität zwischen altersangemessenen Aktivitäten und Übergriffen. Hinweise für den fachlich-pädagogischen Umgang, Strohhalm e. V., Bernau 2006, zu beziehen online, in: www.strohhalm-ev.de/strohhalm/publikationen [09.08.2023].
- Zartbitter e. V.: Doktorspiele oder sexuelle Übergriffe? Köln 2009, in: www.zartbitter.de/gegen_sexuellen_missbrauch/Muetter_Vaeter/doktorspiele_oder_sex_uebergriffe.php [09.08.2023].
- Deutscher Paritätischer Wohlfahrtsverband – Gesamtverband e. V. (Hrsg.): Arbeitshilfe Kinder- und Jugendschutz in Einrichtungen, Berlin 2016, 2. Auflage, in: www.der-paritaetische.de/fileadmin/user_upload/Publikationen/doc/kinder-und-jugendschutz-in-einrichtungen-2016_web.pdf [09.08.2023].

7

HANDLUNGSLEITFADEN* BEI SEXUELLEN ÜBERGRIFFEN UNTER KINDERN**

Sexuelle Handlungen von Kindern
Zeigen eigener Geschlechtsteile, Anfassen oder Anschauen fremder Geschlechtsteile, Selbstbefriedigung etc.

↓

Pädagogische Fachkräfte müssen klären, worum es sich handelt:

Sexuell übergriffiges Verhalten
Kennzeichen: Ausübung von Macht, Unfreiwilligkeit

↓

Leitung informieren

↓

Leitung informiert Träger
→ Meldung an Aufsichtsbehörde (§ 47 SGB VIII)

↓

Externe Beratung durch „insoweit erfahrene Fachkraft" (§ 8a SGB VIII)/Fachkraft einschlägiger Beratungsstellen

↓

Gespräch mit dem betroffenen Kind:
- Gespräch keinesfalls gemeinsam mit dem übergriffigen Kind
- dem betroffenen Kind keine „Mitschuld" geben
- Erzählung nicht anzweifeln

↓

Gespräch mit dem übergriffigen Kind: Grenzverletzung deutlich machen, ohne das Kind zu beschämen

↓

Gespräch mit den Eltern des betroffenen und des übergriffigen Kindes: Achtung: Datenschutz! Dritten dürfen die Namen der beteiligten Kinder nicht genannt werden.

↓

Anhaltspunkte einer möglichen Kindeswohlgefährdung
→ Meldung an das Jugendamt

Handlungen sind **Ausdruck normaler kindlicher Sexualität**
Kennzeichen: gegenseitiges, einvernehmliches Erkunden der Körper

↓

Pädagogischer Spielraum im Umgang mit dem Verhalten der Kinder
Orientierung am sexualpädagogischen Konzept der Kita

↓

Aufsichtspflicht:
→ klare Regeln für Doktorspiele vereinbaren (siehe Seite 94)
→ auf Einhaltung der Regeln achten
→ gegebenenfalls Kinder im Blick behalten

*Jeder Handlungsleitfaden ist ein Vorschlag, der individuell angepasst werden muss.
** Schnurr 2023b, S. 4 (verändert).

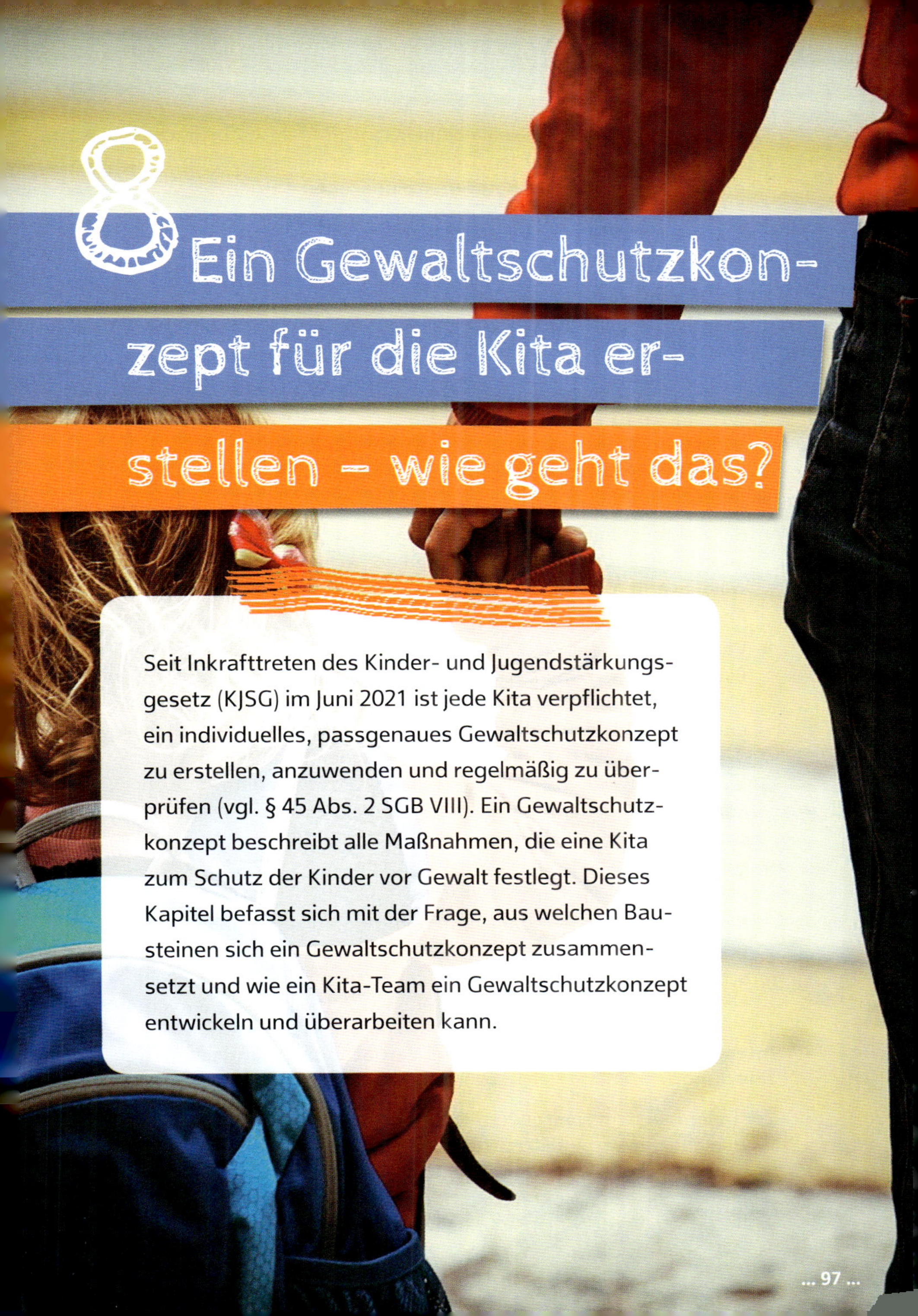

8 Ein Gewaltschutzkonzept für die Kita erstellen – wie geht das?

Seit Inkrafttreten des Kinder- und Jugendstärkungsgesetz (KJSG) im Juni 2021 ist jede Kita verpflichtet, ein individuelles, passgenaues Gewaltschutzkonzept zu erstellen, anzuwenden und regelmäßig zu überprüfen (vgl. § 45 Abs. 2 SGB VIII). Ein Gewaltschutzkonzept beschreibt alle Maßnahmen, die eine Kita zum Schutz der Kinder vor Gewalt festlegt. Dieses Kapitel befasst sich mit der Frage, aus welchen Bausteinen sich ein Gewaltschutzkonzept zusammensetzt und wie ein Kita-Team ein Gewaltschutzkonzept entwickeln und überarbeiten kann.

Das Gewaltschutzkonzept sollte gemeinsam im Team in Absprache mit dem Träger entwickelt werden. Denn für ein gelingendes Schutzkonzept ist es notwendig, dass alle Beteiligten einbezogen werden. Sie sollten in das Gewaltschutzkonzept Ihrer Kita folgende Bausteine aufnehmen:

Präventive Elemente:

* **Risikoanalyse**
  Ziel der Risikoanalyse ist es, gemeinsam mit den Mitarbeitenden der Kita und den Kindern zu ermitteln, wo Risiken und Gefahren in der Kita für Machtmissbrauch, grenzverletzendes Verhalten und Gewalt liegen. Es soll geklärt werden, ob es in der Kita bestimmte Bereiche oder Situationen gibt, in denen die Gefahr von grenzverletzendem Verhalten besonders hoch ist. Eine kindgerechte Möglichkeit, Risikofaktoren in der Kita zu ermitteln, wäre beispielsweise, gemeinsam mit den Kindern der Kita eine Kita-Begehung zu machen und die Kinder zu bitten, mitzuteilen, an welchen Orten oder in welchen Situationen sie unangenehme Erfahrungen gemacht haben (vgl. Jörg Maywald, Schritt für Schritt zum Kita-Schutzkonzept, Don Bosco, München 2022, S. 73).
* **Verhaltenskodex**
  Es sollte im Team gemeinsam ein Verhaltenskodex zu den Themen Machtmissbrauch, Sprache, Wortwahl, abwertendes Verhalten, angemessener Körperkontakte etc. erstellt werden. Der Verhaltenskodex soll von allen haupt- und ehrenamtlichen Mitarbeitenden unterzeichnet werden. Einen Vorschlag für den Verhaltenskodex in Form einer sogenannten Verhaltensampel, den Sie in Ihrem Team diskutieren können, finden Sie im Anhang, S. 107–109.
* **Beschwerdeverfahren für Kinder und Eltern**
  Die Kita ist verpflichtet, geeignete Verfahren zu entwickeln, die den Kindern und ihren Personensorgeberechtigten eine Möglichkeit der Beschwerde einräumen (vgl. § 45 Abs. 2, Nr. 4 SGB VIII). Die Beschwerdemöglichkeiten müssen sich niedrigschwellig an den Fähigkeiten, Bedürfnissen und an der Lebenswelt der Kinder orientieren.

Intervention – Handlungspläne bei Verdacht einer Kindeswohlgefährdung

Zentraler Baustein eines jeden Gewaltschutzkonzepts sind Handlungspläne, die verbindlich festlegen, wie Fachkräfte bei Verdacht einer Kindeswohlgefährdung vorgehen sollten. Es muss sicher gestellt werden, dass jede Fachkraft der Kita weiß, wie sie sich verhalten soll, wenn sie den Verdacht einer Kindeswohlgefährdung im häuslichen

Umfeld des Kindes hat oder wenn sie in der Kita übergriffiges Verhalten von Mitarbeitenden oder von Kindern beobachtet.[1]

Die Handlungspläne dieses Buchs können Sie jeweils an Ihre Kita angepasst in Ihr Gewaltschutzkonzept aufnehmen:

* Handlungsleitfaden bei Fehlverhalten durch Fachkräfte in der Kita, siehe Seite 82
* Handlungsleitfaden bei Verdacht sexueller Übergriffe durch Mitarbeitende der Kita, siehe Seite 87
* Handlungsleitfaden bei sexuellen Übergriffen unter Kindern, siehe Seite 96
* Handlungsleitfaden bei Verdacht auf Kindeswohlgefährdung, siehe Seite 33

Personale Maßnahmen

Des Weiteren muss sichergestellt werden, dass Mitarbeitende und Ehrenamtliche, die regelmäßig mit den Kindern Kontakt haben, mindestens alle fünf Jahre ein erweitertes Führungszeugnis einreichen.

Mitarbeitende sollten neben dem Arbeitsvertrag außerdem eine sogenannte Selbstauskunftserklärung unterzeichnen, in der sie versichern, dass aktuell kein strafrechtliches Ermittlungsverfahren gegen sie anhängig ist[2]. Ein Muster einer solchen Selbstauskunftserklärung finden Sie auf Seite 101.

Angebote oder Projekte zum Thema Kinderrechte

Teil eines Gewaltschutzkonzepts ist, dass die Kinder der Kita ihre Rechte und Beschwerdemöglichkeiten auch kennen. Deshalb sollte Kindern in der Kita regelmäßig altersgerecht vermittelt werden, welche Rechte sie haben, was Fachkräfte und Eltern dürfen und was sie nicht dürfen und wie sich die Kinder beschweren können, wenn ihre Rechte verletzt werden. Vorschläge und Materialien, wie Kinderrechte altersgerecht vermittelt werden können, finden Sie im Kapitel 1.3 (Seite 22–23).

Das Gewaltschutzkonzept muss in die Konzeption der Kita mitaufgenommen werden (vgl. § 45 Abs. 3, Nr. 1 SGB VIII).

---

1 Vgl. LWL-Landesjugendamt Westfalen 2021, S. 16.
2 Vgl. ebd., S. 11.

Checkliste zum Gewaltschutzkonzept[1]

1. Präventive Elemente:

☐ Risikoanalyse
☐ Verhaltenskodex
☐ Beschwerdeverfahren für Kinder und Eltern

2. Intervention – Verfahren bei Kindeswohlgefährdung

Handlungspläne, die verbindlich festlegen, wie Fachkräfte bei Verdacht auf Grenzverletzung, Gewalt und Vernachlässigung vorgehen sollen, liegen vor und sind den Fachkräften der Kita bekannt:

☐ Handlungsplan bei Gewalt und Fehlverhalten von Fachkräften
☐ Handlungsplan bei Grenzverletzungen unter Kindern
☐ Handlungsplan bei Anhaltspunkten einer Kindeswohlgefährdung extern (§ 8a SGB VIII)

3. Überarbeitung der Konzeption

Die wesentlichen Grundzüge des Gewaltschutzkonzeptes und das Beschwerdemanagement der Kita wurden in die Konzeption aufgenommen.

4. Personale Maßnahmen

☐ Erweitertes Führungszeugnis: Der Träger stellt sicher, dass die Mitarbeitenden der Kita ein erweitertes Führungszeugnis bei der Einstellung und in regelmäßigen Abständen von drei bis fünf Jahren vorlegen.
☐ Selbstauskunftserklärung der Mitarbeitenden der Kita (Muster: siehe S. 101)

5. Beteiligung

Bei der Erstellung des Gewaltschutzkonzeptes wurden die Kita-Kinder, die Sorgeberechtigten und das Kita-Team beteiligt.

6. Bekanntmachung

Die wesentlichen Inhalte des Gewaltschutzkonzeptes sind den Kindern, den Sorgeberechtigten und dem Kita-Team bekannt und leicht zugänglich.

7. Überprüfung und Weiterentwicklung des Gewaltschutzkonzepts

☐ Es wurde ein Zeitraum für die regelmäßige Überprüfung festgelegt:
- alle ein bis zwei Jahre,
- bei gesetzlichen Änderungen und
- wenn es zu einem konkreten Vorfall gekommen ist.

☐ Es wurde die Verantwortlichkeit für die regelmäßige Überprüfung und Weiterentwicklung festlegt.

---

1 Schnurr 2023b, S. 1 (verändert).

Selbstauskunftserklärung[1]

Name, Vorname ....
Geboren am ....

Hiermit erkläre ich in Ergänzung zu dem von mir vorgelegten erweiterten polizeilichen Führungszeugnis, dass ich keine Kenntnis von einem gegen mich eingeleiteten strafrechtlichen Ermittlungsverfahren wegen eines der Straftatbestände nach den §§ 171, 174 bis 174c, 176 bis 180a, 181a, 182 bis 184g, 184i, 201a Absatz 3, den §§ 225, 232 bis 233a, 234, 235 oder 236 des Strafgesetzbuchs (StGB) oder der Einstellung eines solchen Verfahrens habe.

Ich verpflichte mich, dem Träger der Kita über die Einleitung eines in Bezug auf die vorgenannten Straftatbestände erfolgenden staatsanwaltschaftlichen Ermittlungsverfahrens unverzüglich Mitteilung zu machen.

______________________________________ (Ort, Datum, Unterschrift)

Anlage:
§ 171 StGB (Verletzung der Fürsorge- oder Erziehungspflicht)
§ 174 StGB (sexueller Missbrauch von Schutzbefohlenen)
§ 174a (sexueller Missbrauch von Gefangenen, behördlich Verwahrten oder Kranken und Hilfsbedürftigen in Einrichtungen)
§ 174b StGB (sexueller Missbrauch unter Ausnutzung einer Amtsstellung)
§ 174c StGB (sexueller Missbrauch unter Ausnutzung eines Beratungsverhältnisses)
§ 176 StGB (sexueller Missbrauch von Kindern)
§ 177 StGB (sexuelle Nötigung und Vergewaltigung)
§ 178 StGB (sexuelle Nötigung und Vergewaltigung mit Todesfolge)
§ 179 StGB (sexueller Missbrauch widerstandsunfähiger Personen)
§ 180a StGB (Förderung sexueller Handlungen Minderjähriger)
§ 181a StGB (Zuhälterei)
§ 182 StGB (sexueller Missbrauch von Jugendlichen)
§ 183 StGB (exhibitionistische Handlungen)
§ 184 StGB (Verbreitung pornographischer Schriften) bis 184f StGB (Jugendgefährdende Prostitution)
§ 225 StGB (Misshandlung von Schutzbefohlenen)
§ 232 StGB (Menschenhandel zum Zweck der sexuellen Ausbeutung)
§ 233 StGB (Ausbeutung der Arbeitskraft)
§ 233a StGB (Ausbeutung unter Ausnutzung einer Freiheitsberaubung)
§ 234 StGB (Menschenraub)
§ 235 StGB (Entziehung Minderjähriger)
§ 236 StGB (Kinderhandel)

1 *Schnurr 2023b, S. 7 (verändert).*

ANHANG

A Anhaltspunkte einer möglichen Kindeswohlgefährdung[1]:

I AUFFÄLLIGKEITEN BEIM KIND		
1	**Gesundheitsfürsorge**	
1.1	**Stark mangelnde Körperhygiene** Häufiges Wundsein im Po- oder Genitalbereich; häufig Schmutz- oder Stuhlreste in Hautfalten; wiederholt unversorgte und infektionsgefährdete Wunden und Ekzeme	☐
1.2	**Unangemessene Körperpflege** Häufig: fettige verfilzte Haare; lange, ungeschnittene, abgebrochene Nägel; entzündetes Nagelbett; strenger Körpergeruch; ungewaschenes, schmutziges Aussehen; Mundgeruch und stark kariös	☐
1.3	**Das Kind ist ständig müde oder erschöpft** Kind erzählt, dass es lange ferngesehen hat, oft abends Besuch da ist, der sehr laut ist; ist erschöpft, vermutlich durch einen überbeanspruchenden familiären Tagesablauf	☐
1.4	**Mangelnde Aufsicht, mangelnde medizinische/therapeutische Versorgung** Trotz Behinderung/Entwicklungsverzögerung/Verletzung/offensichtlicher Erkrankung keine medizinische/therapeutische Versorgung; Gespräche mit den Eltern/anderen wichtigen Bezugspersonen oder wiederholter glaubhafter Bericht des Kindes lassen eine grobe Verletzung der Aufsichtspflicht im familiären Umfeld erkennen; wochenlanges oder mehrfach ungeklärtes Fernbleiben des Kindes von der KiTa; altersunangemessener Medienkonsum; Kind wird mehrmals stark erkrankt in die Kita gebracht; keine Teilnahme an U-Untersuchungen; Kind ist im Besitz gefährlicher altersunangemessener Gegenstände/Werkzeuge	☐

1 *Einschätzskala Kindeswohlgefährdung in Kindertageseinrichtungen – Kopiervorlagen 2012, S. 1–4 (verändert).*

2	**Ernährung**	
2.1	**Mangel- bzw. Fehlernährung** Kind ist in einem schlechten Versorgungszustand (Ernährungsstatus und/oder Flüssigkeitshaushalt); kommt ständig hungrig oder durstig oder ohne eigene Verpflegung in die Einrichtung ohne Absprache über Teilnahme an Essensangeboten in der Einrichtung; bringt wiederholt verdorbene Lebensmittel mit; wiederholter glaubhafter Bericht des Kindes, dass es altersunangemessene Lebensmittel zu sich nimmt, wie Trinken von Alkohol oder Kaffee etc.; massive Adipositas aufgrund einer Überfütterung/Überernährung	☐
3	**Kleidung**	
3.1	**Sehr ungepflegter Zustand bzw. völlig unpassende Kleidung** Wiederholt verschmutzte Kleidung, z. B. mit Essensresten, Urin, Kot etc.; zerrissene Kleidung; sehr bewegungseinschränkende Kleidung, z. B. weil erheblich zu klein etc.	☐
3.2	**Nicht der Witterung angepasst** Wiederholt kein Schutz vor Hitze/Sonne/Regen/Kälte	☐
4	**Auffälligkeiten körperlicher Gewaltanwendung**	
4.1	**Verdächtige Symptome am Kind, die körperliche Gewalteinwirkung nahelegen** Hämatome oder Hautwunden an untypischen Stellen (Rücken, Brust, Bauch, Po, Ohren, Mund, Augenhöhlen, hohe Scheitelregion); kreisförmige Verbrennung am Handteller, unter der Fußsohle, am Bauch, Verbrennungen am Gesäß; Verbrühungen; Striemen oder Fesselmale am Körper; Griffmarken am Brustkorb, an Armen oder Knöcheln; Schwellungen – Kind klagt bei Berührungen über Schmerzen; häufige Knochenbrüche; infolge gewaltsam herbeigeführter Atemnot: diffus verteilte punktförmige Einblutungen (Gesichtshaut, Augenlider/-bindehäute, Mundvorhofschleimhaut)	☐
5	**Motorische und sprachliche Auffälligkeiten**	
5.1	**Bewegungsunsicher/nicht altersgerechte Fortbewegung** Gemeint sind ausschließlich durch extremen Bewegungsmangel oder fehlende Bewegungsanreize und -möglichkeiten verursachte Auffälligkeiten: ungelenke, unkontrollierte Bewegungen von Armen und Beinen; stößt überall an; fällt häufig hin oder runter; torkelndes Gehen	☐

5.2	**Sprachliche Auffälligkeiten** Gemeint sind ausschließlich durch mangelnde und/oder bedrohliche Ansprache zu Hause verursachte Auffälligkeiten: Kind spricht nicht; Kind versteht nicht; leise, undeutliche, verwaschene Sprache; stressbedingtes Stottern	☐
6	**Verhaltensauffälligkeiten**	
6.1	**Ungezügeltes und/oder unangemessenes Verhalten gegenüber Erzieherinnen, (regelhaft zu beobachten) bzw. auffälliges Sozialverhalten gegenüber Kindern (regelhaft zu beobachten)** Extreme Rastlosigkeit; üble Beschimpfungen gegenüber Erzieherinnen; ignoriert ständig Grenzsetzungen; droht anderen Kindern mit Gewalt; schubst, beißt und kneift andere Kinder heimlich; erkennt die Bedürfnisse anderer Kinder nicht an; will ständig seine Interessen durchsetzen; Unfähigkeit zur positiven Kontaktaufnahme/-gestaltung mit anderen Kindern	☐
6.2	**Fremdverletzendes Verhalten/sexualisiertes Verhalten** Extremer tätlicher Angriff gegenüber anderen Kindern, z. B. Treten, Schlagen, Würgen; unangemessenes, sexualisiertes Verhalten, wie z. B. bedrängt andere Kinder aggressiv sexuell, stark sexualisierte Sprache, bietet sexuelle Handlungen an	☐
6.3	**Rückzugsverhalten/extreme Anspannung/starkes Angstverhalten** Anhaltende ausgeprägte Freud- und Antriebslosigkeit; extrem scheu; zieht sich nahezu ständig zurück oder versteckt sich; reagiert wiederholt nicht auf Ansprache; berichtet häufig von sehr belastenden Albträumen; extrem ängstlich oder sehr schreckhaft, insbesondere gegenüber Erwachsenen; furchtsame Haltung gegenüber den Eltern oder anderen Verwandten, evtl. verbunden mit Einnässen und/oder Einkoten; in Konfliktsituationen wie versteinert; starrer verängstigter Blick; außerhalb der Eingewöhnungszeit: panische Trennungsängste; vermehrtes Weinen	☐
6.4	**Emotionale Deprivation bzw. Hospitalismus/selbstverletzendes Verhalten** Wiederholt stark distanzloses Kontaktverhalten im Sinne von z. B. vehement eingefordertem Körperkontakt oder wahlloser Zutraulichkeit gegenüber unvertrauten Personen; Hin- und Herwerfen des Körpers; stereotype Körperbewegungen; rupft sich Haare bündelweise aus; beißt sich; schlägt unerwartet mit dem Kopf gegen Wand/Gegenstände	☐

II AUFFÄLLIGKEITEN IM ELTERNVERHALTEN		
7	**Allgemeine Auffälligkeiten aufseiten der Eltern**	
7.1	**Unangemessener Konsum von Drogen/Alkohol/Medikamenten** Wiederholt: Erscheinen in der Einrichtung unter Einfluss von illegalen Suchtmitteln; alkoholisiert; Medikamentenmissbrauch; glaubhafter Bericht des Kindes über Suchtprobleme der Eltern	☐
7.2	**Relevante psychische Auffälligkeiten** Bei Anwesenheit in der Einrichtung (Bring- und Abholsituation, Veranstaltungen etc.) zu beobachten: Anhaltende starke Niedergeschlagenheit (depressive Anzeichen); überschäumende Hochstimmung mit extremem, unüberlegtem Tatendrang; extremes zwanghaftes Verhalten; nicht nachvollziehbare und das Verhalten stark beeinträchtigende Verfolgungs- oder Wahnideen; Eltern wirken anhaltend völlig überfordert	☐
7.3	**Körperliche Gewalt zwischen Familienmitgliedern des Kindes** Szenen gewalttätiger Auseinandersetzungen zwischen den Eltern in der Einrichtung; wiederholter glaubhafter Bericht des Kindes über Gewalttätigkeiten (nicht das Kind selbst betreffend); Verdachtsmomente für familiäre Gewaltszenarien	☐
8	**Auffälligkeiten in der Beziehung zum Kind**	
8.1	**Unangemessene Grenzsetzungen und körperliche Übergriffe** Wiederholt extreme Reaktion auf Verhalten des Kindes (von den Erzieherinnen beobachtet oder glaubhaft vom Kind berichtet), wie z. B.: plötzliches Anschreien des Kindes; wüste Beschimpfung; Handgreiflichkeiten wie z. B. grobes Ziehen an Gliedmaßen oder Kleidung; Schlagen; entwürdigende Behandlung oder Androhung unangemessener Strafen (einschließlich Liebesentzug)	☐
8.2	**Wenig bis kein Erfüllen emotionaler Grundbedürfnisse des Kindes/Desinteresse am Kind** Häufig bei Anwesenheit in der Einrichtung (Bring- und Abholsituation, Veranstaltungen etc.) zu beobachten: Schroffe, ablehnende Haltung; ständige Zurückweisung kindlicher Bedürfnisse nach Körperkontakt; Umgang mit dem Kind lässt kein Interesse an ihm sichtbar werden; keine Beantwortung kindlicher (Verhaltens-)Äußerungen	☐

B Verhaltensampel für pädagogische Fachkräfte[1]

Diese Verhaltensampel können Sie im Team diskutieren und als Anregung für einen Verhaltenskodex Ihres Teams verwenden.

Unzulässiges Verhalten	Verhalten, das nur unter bestimmten Voraussetzungen zulässig ist	Pädagogisches Verhalten, das Kinder stärkt
Körperliche Gewalt festhalten, einsperren, am Arm packen, Klaps, Angst auslösendes Bedrängen, schütteln, Kind gegen seinen Willen auf den Schoß nehmen etc. **Sexualisierte Gewalt** Kind ohne dessen Einverständnis liebkosen, zu sexuellen Posen auffordern, körperliche Nähe erzwingen, sexuelle Handlungen an sich vornehmen lassen etc. **Psychische (seelische) Gewalt** anschreien, beschimpfen, bloßstellen, lächerlich machen, demütigen, erniedrigen, ausgrenzen, isolieren, erpressen, ignorieren, diskriminieren, verachten, bedrohen, Druck oder Macht ausüben, Kinder zum Essen zwingen, einem Kind Angst machen etc. Beispiele: * *„Wie blöd bist du denn!“*	**Körperliches Eingreifen** Festhalten des Kindes: * zum Schutz des Kindes oder * zum Schutz anderer Kinder **„Auszeit“** Kind aus dem Geschehen nehmen, in einen anderen Raum bringen etc. Nur, wenn dies nicht mit Beschämung oder Ausgrenzung des Kindes verbunden ist, sondern dem Kind hilft und ihm ermöglicht, zur Ruhe zu kommen und Abstand zur Situation zu gewinnen.	**Ressourcenorientierung:** Stärken finden statt Fehler suchen Empathie: *„Kann es sein, dass du wütend bist, weil […]?“* Oder: *„Ich verstehe, dass du dein Spiel jetzt nicht unterbrechen möchtest. Wäre es okay für dich, dass ich das Spiel für dich hochräume und du gleich nach dem Stuhlkreis weiterspielst?“* **Transparente Regeln,** auf deren Einhaltung konsequent geachtet wird. **Kommunikation** * auf Augenhöhe * aktives Zuhören * gewaltfreie Kommunikation * Ehrlichkeit **Partizipation:** *„Das ist wirklich schwierig. Habt Ihr eine Idee, wie wir das lösen können?“* **Verlässlichkeit** **Co-Regulation:** auch negative Gefühle des Kindes (Wut, Ärger, Traurigkeit etc.) zulassen,

1 *Schnurr 2023b, S. 6 (verändert).*

Unzulässiges Verhalten	Verhalten, das nur unter bestimmten Voraussetzungen zulässig ist	Pädagogisches Verhalten, das Kinder stärkt
* *„Das schaffst du eh nicht!“* * *„Was du dir aufgetan hast, musst du aufessen.“* * *„Wenn du kein Gemüse isst, bekommst du keinen Nachtisch.“* * *„Du bleibst so lange auf dem Töpfchen, bis etwas kommt.“* * *„Marvin ist unser kleiner Hosenschisser.“* * *„Alle Kinder müssen sich jetzt hinlegen und während der Mittagspause die Augen schließen.“* * *„So lange du dich so verhältst, rede ich nicht mehr mit dir.“* **Entwürdigende Erziehungsmaßnahmen:** Maßnahmen, * die das Kind lächerlich machen, * die die Selbstachtung und das Ehrgefühl des Kindes beeinträchtigen, * die das Kind ablehnen, diskriminieren, beleidigen, beschämen oder abwerten.		annehmen, Raum lassen und den Umgang mit diesen Gefühlen unterstützen: *„Das ist völlig in Ordnung, wenn du weinst. Das ist wirklich sehr traurig.“* **Hilfe zur Selbsthilfe:** *„Das schaffst du!“ „Versuch mal, ob du das allein kannst. Zeig mir, wie ich dich unterstützen kann.“* **Selbstwirksamkeit fördern:** *„Vielleicht kannst du dir schon selber einschenken? Es ist nicht schlimm, wenn etwas danebengeht.“* **Authentizität:** *„Ich hatte mich vorhin sehr geärgert und war dann zu streng – das tut mir leid!“* **Inklusion:** anders sein dürfen und dazugehören: *„So wie du bist, genauso sollst du sein!“* **Vermittlung der Kinderrechte:** *„Niemand hat das Recht, dich zu schlagen oder über dich zu lachen!“ etc.*

Unzulässiges Verhalten	Verhalten, das nur unter bestimmten Voraussetzungen zulässig ist	Pädagogisches Verhalten, das Kinder stärkt
längeres Verweigern von Blick- oder Gesprächskontakten etc. **Gewalt durch Unterlassen:** kein Eingreifen bei körperlichen, seelischen oder sexuellen Übergriffen der Kinder, vernachlässigen, einem Kind Trost verweigern etc.		

C Vordrucke für die Dokumentation[1]

Dokumentation

Name des Kindes: ______________________

Alter: ______________________

Geschlecht: ______________________

Seit wann in der Kita: ______________________

Personensorgeberechtigte:

Anschrift: ______________________

____

____

____

Aufenthalt des Kindes: bei den Eltern ☐ oder: ____________

Familiäre Situation: ______________________

____

____

____

Datum	Beschreibung der Beobachtungen	Beteiligte	Maßnahmen/ Vereinbarungen	Verantwortung

1 *Schnurr 2023a, S. 130–132.*

Hinzuziehung einer „insoweit erfahrenen Fachkraft“

Ort, Datum ______________________________

1. Angaben zur hinzugezogenen Fachkraft

____

____

2. Teilnehmer/-innen am Gespräch mit „insoweit erfahrener Fachkraft“

____

____

3. Verlaufsprotokoll (siehe Anlage):

____

4. Ergebnis und Festlegungen des Gespräches mit Verantwortlichkeiten

____

____

____

____

____

____

____

____

5. Ist das Kindeswohl gefährdet? ja ☐ nein ☐

Ort, Datum: ______________________________

Unterschrift des Trägers/Leitung der Einrichtung: ______________________________

Unterschrift der Fachkraft: ______________________________

Unterschrift der „insoweit erfahrenen Fachkraft“ (Kinderschutzbeauftragten): ______________________________

Gespräch mit den Personensorgeberechtigten

1. Problemakzeptanz

Sehen die Personensorgeberechtigten selbst eine Gefahr?

Mutter ja ☐ nein ☐ Vater ja ☐ nein ☐

2. Reaktionen

Wie haben die Personensorgeberechtigten auf die Schilderung der Gefährdung des Kindeswohls reagiert?

aufgeschlossen/kooperativ ☐ bagatellisierend ☐

hilflos/überfordert ☐ aggressiv/ablehnend ☐

Sonstiges: ______________________________

3. Problemkongruenz

Wie hoch ist der Grad an Übereinstimmung bei der Bewertung der Gefahrensituation zwischen den Personensorgeberechtigten und den beteiligten Fachkräften?

keine ☐ gering ☐ mittelmäßig ☐ hoch ☐

4. Hilfeakzeptanz

Sind die Personensorgeberechtigten bereit, ein Hilfsangebot anzunehmen?

Mutter ja ☐ nein ☐ Vater ja ☐ nein ☐

5. Hilfsmaßnahmen

Konnten mit den Personensorgeberechtigten konkrete Maßnahmen vereinbart werden?

ja ☐ nein ☐

6. Welche Maßnahmen wurden vereinbart?

Maßnahme	Verantwortlich	Termin

Ein weiteres Elterngespräch findet statt am: ______________________

Beteiligte beim nächsten Elterngespräch: ______________________

Ort, Datum: ______________________

Unterschrift des Trägers/Leitung der Einrichtung: ______________________

Unterschrift der Fachkraft: ______________________

Unterschrift der Personensorgeberechtigten: ______________________

BILDQUELLENVERZEICHNIS

Alamy Stock Photo (RMB), Abingdon/Oxfordshire: Bratanova, Oksana 60.1; Grossman, David 12.1, 45.1; Hero Images Inc. 70.1; imageBROKER 78.1; Ocskay Mark 72.1.

Fabiola Quadflieg, Köln: 3.3, 4.2, 5.3, 6.2, 7.3, 48.1, 56.3, 75.1, 103.1, 104.1, 105.1, 106.1.

Fischer, Andreas, Ansbach: Titel, Titel, Titel, Titel, Titel, Titel.

fotolia.com, New York: Kneschke, Robert 55.1; photophonie 26.1.

iStockphoto.com, Calgary: &#169 Suslov, Nikolay 79.1; evgenyatamanenko Titel; FamVeld 18.1; ferrantraite 62.1; Juanmonino 90.1; Maximilian100 25.1; Nadezhda1906 97.1; ruizluquepaz 89.1; Rusanova, Tetyana 83.1; Shannon, Nina 77.1; sturti 34.1, 41.1; ulkas 68.1.

Picture-Alliance GmbH, Frankfurt a.M.: blickwinkel 58.1; imageBROKER 59.1; Phanie 14.1.

Schnurr, Heike, Lahnstein: Heike Schnurr 4.3.

Shutterstock.com, New York: sumire8 Titel.

stock.adobe.com, Dublin: anrufbeantworta 8.1, 8.2, 56.1, 56.2, 67.1, 67.3; bpstocks 57.1; Hofmann, Joni 49.1; kongsak 10.2; L.Bouvier 10.3; machiavel007 22.1; oka 73.1; Petra Reischl-Zehent 3.2, 3.4, 4.1, 5.2, 5.6, 6.1, 7.2; Robert Kneschke 50.1; Sbytova, Maria 11.1; SENTELLO 53.1; shcherban 9.1; strichfiguren.de 13.1, 15.1, 15.2, 16.1, 16.2, 17.1; Yeko Photo Studio 20.2.

Bundesarbeitsgemeinschaft der Landesjugendämter: Sicherung der Rechte von Kindern als Qualitätsmerkmal von Kindertageseinrichtungen (Mainz 2013), in: www.bagljae.de/downloads/114_sicherung-der-rechte-von-kindern-in-kitas.pdf [09.08.2023].

Bundeszentrale für politische Bildung (Hrsg.): Falter Kinderrechte, bpb, Bonn 2018, Download unter: www.bpb.de/shop/lernen/falter/194570/kinderrechte.

Deutscher Paritätischer Wohlfahrtsverband – Gesamtverband e. V. (Hrsg.): Arbeitshilfe Kinder- und Jugendschutz in Einrichtungen, Berlin 2016, 2. Auflage, in: www.der-paritaetische.de/fileadmin/user_upload/Publikationen/doc/kinder-und-jugendschutz-in-einrichtungen-2016_web.pdf [09.08.2023].

Freund, Ulli; Riedel-Breidenstein, Dagmar; Strohhalm e. V.: Kindliche Sexualität zwischen altersangemessenen Aktivitäten und Übergriffen. Hinweise für den fachlich-pädagogischen Umgang, Bernau 2006, zu beziehen online unter: www.strohhalm-ev.de/strohhalm/publikationen.

Grüneberg (Hrsg.): Bürgerliches Gesetzbuch, Kurzkommentar, 81. Auflage, C. H. Beck, München 2022.

Kommunalverband für Jugend und Soziales Baden-Württemberg (Hrsg.): Einschätzskala Kindeswohlgefährdung in Kindertageseinrichtungen – Kopiervorlagen, erarbeitet von der Forschungsgruppe Verhaltensbiologie des Menschen (FVM). Dr. Joachim Bensel, Dr. Thomas Prill, Priv.-Doz. Dr. Gabriele Haug-Schnabel, Dipl.-Biologin Birgit Fritz, Dipl.-Pädagogin Franziska Nied, Stuttgart 2012, S. 1–4, in: www.kvjs.de/fileadmin/dateien/jugend/Kinderschutz/1.4.1.4_Kopiervorlagen_KiWo-Skala_Kita.pdf [09.08.2023].

Landesausschuss der Kitas in RLP (Hrsg.): Grundlagen der Elternmitwirkung in rheinland-pfälzischen Kitas, Mainz 2016, in: www.lea-rlp.de/wp-content/uploads/elternmitwirkungsbroschuere.pdf [09.08.2023].

LWL-Landesjugendamt Westfalen: Aufsichtsrechtliche Grundlagen – Organisationale Schutzkonzepte in betriebserlaubnispflichtigen Einrichtungen für Kinder und Jugendliche nach § 45 SGB VIII, Münster 2021, in: www.lvr.de/media/wwwlvrde/jugend/kinderundfamilien/tageseinrichtungenfrkinder/dokumente_88/211108-Endversion_aufsichtsrechtliche-grundlage-organisationale-schutzkonzepte.pdf [09.08.2023].

Maywald, Jörg: Kinderrechte in der Kita: Kinder schützen, fördern, beteiligen, Herder, Freiburg i. Br. 2016.

Schnurr, Heike: Sicher im Recht – Kompetent in der Praxis, 4. Auflage, Westermann Berufliche Bildung, Köln 2023a.

Schnurr, Heike: Checkliste und Mustervorlagen – zum Beitrag: 10 Fragen zum Gewaltschutzprojekt, kindergarten heute 8/2023b, in: www.herder.de/kiga-heute/fachmagazin/archiv/2023-53-jg/8-2023/10-fragen-zum-neuen-gewaltschutzkonzep-was-unsere-rechtsexpertin-raet/ [09.08.2023].

Zartbitter e. V.: Doktorspiele oder sexuelle Übergriffe?, Köln 2009, in: www.zartbitter.de/gegen_sexuellen_missbrauch/Muetter_Vaeter/4200_doktorspiele_oder_sexuelle_uebergriffe.php [09.08.2023].

SACHWORTVERZEICHNIS

L

M

P

R

S

T

U

V

Z